¡Imagínate!

Kenneth Chastain   Gail Guntermann
University of Virginia   Arizona State University

Claire Kramsch, Series Editor
Massachusetts Institute of Technology

 Heinle & Heinle Publishers, Inc.
Boston, Massachusetts 02116 U.S.A.

Cover and interior design: Judy Poe
Interior layouts: Debbie Barnwell
Line art provided by Len Shalansky
Developmental Editor: Janet Dracksdorf
Managing Editor: Traute Marshall
Production editors: Vivian Novo MacDonald
                    Kristin Swanson

Manufactured in the United States of America.
ISBN   0-8384-1490-7

10 9 8 7 6 5 4

PREFACE

Most published materials for teaching conversation focus on vocabulary and topical content. In contrast, the activities in this book emphasize interactional strategies for communication: how to initiate, maintain, and close conversations; how to communicate and respond to needs, problems, feelings, plans, opinions; how to behave appropriately in face-to-face interaction. *¡Imagínate!* distinguishes itself from other conversational texts through its functional approach: it is organized around the functions needed to interact in conversation, not around situational vocabulary or grammatical features of speech. The emphasis is on the process of communication, not on the linguistic product.

¡Imagínate! is designed for that wide spectrum of courses belonging to the "intermediate" level—the second and third years of college Spanish. It can be used either in combination with other textbooks that have a grammatical and reading emphaasis, or singly as the basis for a conversation course. The beginning chapters can be dealt with as early as the third semester; the text as a whole will challenge a fifth- or sixth-semester class. This wide range of potential audience is a result of our particular approach to conversation. While the degree of sophistication will vary from one language level to another, the communicative strategies and functions can remain the same. Students will bring to the various activities the vocabulary and the grammatical structures with which they are already familiar; *¡Imagínate!* will systematically encourage them to activate this knowledge in the context of face-to-face interactions based on "real" comunicative situations. An additional benefit of this constant use of communicative strategies is it helps students recycle high-frequency phrases in their conversation and build upon these gambits in more complex ways as the book progresses.

Each chapter focuses on a particular communicative "problem": how to meet someone; how to initiate, continue, and end a conversation; how to initiate and build topics; how to describe and explain things through circumlocution; how to request and provide information; how to make plans; how to tell stories; how to manage wishes; how to give and receive advice; how to express and react to opinions and feelings; and how to argue and fight back. Each chapter also centers on a topic: autobiographical details, personal life, everyday needs, buying things, work, current events, personal problems, travel, family, and interests. These topics have been chosen to facilitate the implementation of the various communicative strategies.

¡Imagínate! tries to provide the material for an activity-based class, a class in which all students spend almost all of their time speaking Spanish. The great majority of exercises are designed to be done in small groups of two, three, or four students. In the early chapters, the exercises require a limited number of exchanges—introductions, requests for help, and information. As the book progresses, the length and number of utterances increase to include more complex tasks such as interviews, explanations, stories, and discussions. Students are asked to do some role-playing; however, we have tried, wherever possible, to link the exercises to the students' own individual experiences and to ask the students to work in situations that they might well encounter in a Spanish-speaking country.

Two additional features of *¡Imagínate!* call for special mention. First, two unique audio-cassettes provide models of natural conversation between native speakers of Spanish. Although recorded in a studio, they are quite unlike most language tapes. Provided only with a situation and a bare outline, the native speakers interacted much in the manner of improvisational theater. The result was a series of conversations that, from the point of view of both speed and choice of vocabulary, have the ring of authentic Spanish. The first of these tapes accompanies each copy of the text and consists of listening comprehension exercises to be done by students at home. The second tape (for instructors only) includes recorded material to support some class activities as well as a large number of conversations available for additional practice and/or testing.

The second special feature of *¡Imagínate!* is the extensive Instructor's Manual. We have tried to create a tool for the teacher that will be truly useful. The Instructor's Manual includes: detailed suggestions for using *¡Imagínate!* in a variety of course structures; specific comments on the majority of exercises in each chapter (organizational hints, variations, ways to adapt to very small or very large classes); full transcripts of both the student and instructor tapes; a section on ideas for testing conversational skills; and actual materials (situation cards) for use with certain exercises and in testing.

TO THE STUDENT

One of the goals of *¡Imagínate!* is to convince you that you know more Spanish than you think. In doing the activities, you should first draw on the words and structures you already know. To the degree that you can "reactivate" this vocabulary and this grammatical knowledge, you will be making great strides in developing your functional Spanish. At the same time, there will be many occasions when you will need new vocabulary. This book does not provide vocabulary lists for each chapter. We have omitted this usual feature because the vocabulary that you will need is a function of your individual experience. You will therefore want to have ready access to a dictionary; in fact, we would recommend that you get in the habit of using two dictionaries—a Spanish-English dictionary, to locate the word you need, and an all-Spanish dictionary, to verify the exact meaning and usage of that word.

Obviously, the major part of a conversation course is the work you do in class. However, your success in class can be increased by the preparatory work you do outside of class. To the extent that you take these exercises seriously, your participation in class activities should be that much easier. In addition, we would make the following suggestions:

—listen to the tapes as frequently as possible; the more authentic Spanish you hear, the more likely you are to internalize the rhythm, the intonation, and the phrasing;
—read ahead, so as to anticipate what you will be doing in class and why;
—practice, both what you have already done and what you will be doing, with other students.

Like any skill, speaking Spanish requires constant practice.

Finally, a word about the student tape. As indicated above, the conversations you will hear represent a spontaneous and authentic brand of Spanish. Unfortunately, (at least, for non-native speakers), Spanish is usually spoken very rapidly; in addition, Spanish does not make clear distinctions between words but only between groups of words. The combination of these two features makes Spanish difficult to understand for English speakers because they are used to a slower rhythm. Consequently, you will probably not understand part of each conversation the first time you listen to it. Do not despair! Listen to it several times with the help of the exercises in the book. In most cases, your instructor will give you the opportunity to rework the tapes after you have spent some time on the chapter. The combination of relistening plus getting familiar with some of the expressions will probably help a great deal. If not, you may wish to ask your instructor for the tapescript of a particularly difficult conversation. However, use this aid only to fill in the gaps; then practice listening without the tapescript.

In addition, we have replaced the usual glossary found at the back of most books with a special appendix that offers one-line summaries of the tape situations as well as useful vocabulary to aid in your overall comprehension. You may use this appendix as a guide while you are listening or as a reference after listening to test your understanding of each conversation.

TO THE TEACHER

The Instructor's Manual provides a complete overview of the text. In this section of the Preface, we will simply give a short summary of the chapter format.

During the first section, *Escuchar y aprender*, students listen to authentic natural conversations in which native speakers are communicating with the same purpose as the one being stressed in the chapter. The goal of this section is to give students an opportunity to develop their listening comprehension skills and to pick up functional phrases they will be able to use in their own conversations later in the chapter. They will also hear native speakers employ naturally the conversation strategies they are learning.

While working with the second section, *Palabras a repasar*, students recall, share, and learn vocabulary related to the themes and the functions of the chapter as they participate in association and brain-storming exercises. The purpose is to encourage students to assume the responsibility for generating much of the vocabulary that they will use in the ensuing conversation activities.

Practice with the third section, *Entre nosotros*, requires that students create short conversational exchanges as they work with a classmate exploring the topic and becoming more adept at using the functional phrases.

Activities in the fourth section, *Situaciones*, involve students in group communication activities such as role-plays, simulations, debates, discussions, etc. The expected benefit is that students will learn to incorporate their new strategies and vocabulary into their active language as they interact with their classmates in particular types of speech acts and for specific purposes.

In the following section, *Fuera de clase*, suggestions are given for out-of-class activities, especially activities in which students may use what they have just learned in class to talk to native speakers, instructors, or more advanced students. Of course, the desired result of these activities is that students grow accustomed gradually to speaking Spanish in other than classroom situations.

Finally, in the *Vocabulario* section students are asked to write in their text the useful words and phrases that they have just learned and that they would like to remember.

In addition, the Instructor's Manual contains situation cards for some chapters. These cards, modeled after the ACTFL Proficiency Exam situations, can be used for extra practice or for testing.

ACKNOWLEDGEMENTS

¡Imagínate! is part of a series of three conversation texts in German, French, and Spanish under the general editorship of Claire Kramsch (Massachusetts Institute of Technology). The first to appear was *Reden, Mitreden, Dazwischenreden*, authored by Kramsch and her colleague, Ellen Crocker. Appearing simultaneously with our book is *Du tac au tac*, the French counterpart written by Jeannette D. Bragger of The Pennsylvania State University and Donald B. Rice of Hamline University. These books all strive to capture the newest ideas from research on the functional syllabus, discourse analysis, receptive skills, and communicative teaching methodology, and to incorporate these elements into an attractive, pedagogically exciting, and useful learning instrument.

We would like to acknowledge gratefully the contributions of the series editor, Renate Schulz, Constance K. Knop, and the following reviewers:

Jack S. Bailey, The University of Texas at El Paso
David A. Bedford, Southern Illinois University-Carbondale
Elaine Fuller Carter, St. Cloud State University
Raquel Halty Pfaff, Simmons College
Martha Marks
Donald B. Rice, Hamline University
Stephen Sadow, Northeastern University
Bill VanPatten, The University of Illinois

Special thanks go to Douglas Morgenstern of M.I.T., who helped coordinate the recording sessions for the tapes which accompany this program.

We gratefully acknowledge the contributions of Charles Heinle, President, who supported and encouraged us during the conception of the text; Stanley Galek, Vice President and Publisher, Janet Dracksdorf, Developmental Editor, who helped us convert concepts and reviewers' suggestions into the text's final format; Kris Swanson and Vivian Novo MacDonald, Production Editors, who transformed the manuscript into a textbook; Mercedes Cano, who contributed many conversational expressions and improved the wording of the instructions in selected chapters, and Carmen Helena Martínez who edited and perfected the Spanish used throughout the text.

Kenneth Chastain
Gail Guntermann

CONTENIDO

11

ARGUING AND FIGHTING BACK
"Tengo razón o no?"

12

MANAGING A DISCUSSION
"En fin, creo . . ."

APENDICE

Introducción

INTRODUCTION TO CONVERSATIONAL STRATEGIES

"*You can do it!*"

THROWING
AND CATCHING
THE BALL

YOU CAN DO IT!

Conversation is like a ball game. A good player knows how to put the ball in play, how to catch it, how and in which direction to throw it, how to keep it within bounds, and how to anticipate the other players' moves. These strategies are at least as important as having the right ball and the right equipment. We use similar strategies when carrying on a conversation.

What do you think about your ability to play the conversation game? You might think you don't have enough vocabulary. You might feel your grammar is too weak. So you don't know exactly what to say? Rest assured that most second-language learners feel the same way. That shouldn't, however, prevent you from playing the conversation game. What you need are communication strategies. They help native speakers and non-native speakers alike to communicate in real life.

Don't be hesitant; jump right in and play the game. Remember that you can get others to talk by asking for clarification or offering interpretations of things they say; you can build on what others say; and you can buy time to think of other ways of getting your ideas across. You **can** communicate effectively in Spanish!

Effort to communicate improves conversation, especially in the Hispanic world. Native speakers appreciate efforts to speak their language with them, and they respond by helping you to express yourself. Keep trying, and you will be surprised at what you can do and pleased with all that you will learn.

STRATEGIES

¡*Imagínate*! will help you learn to use in Spanish many of the strategies for conversational management that you use in English. Since you may not be aware of all that you do in English, let's begin by reviewing a few of the techniques that are used in all languages to initiate, maintain, and terminate conversations.

NONVERBAL COMMUNICATION

Much of the meaning that we receive and express is communicated in the form of gestures and body language.

Gestures. With a classmate, describe and demonstrate the gestures that English speakers use to express the following ideas.

Model: I'm hungry.
We often rub or pat our stomachs and try to look weak and miserable.

1. I'm thirsty. _____
_____

2. I'm angry. _____
_____

3. I don't know. _____
_____

4. That's perfect. _____
_____

5. Be careful. (Watch out.) _____
_____

6. Come here. _____
_____

7. Good-bye. _____
_____

Here are some gestures from the Hispanic world. But be careful—There are differences even among Spanish-speaking countries. What is an acceptable gesture in one country may be indecent in another.

"Ven acá."

"Adiós, hasta luego."

"¿Qué sé yo?"

"¡Ojo!"

"Hablando de Roberto, ¿sabes que es muy tacaño?"

"Me gusta Elena, pero bebe demasiado."

Body Language. How would you interpret the attitudes of the following people? Check with a classmate to see if he or she perceives them in the same way.

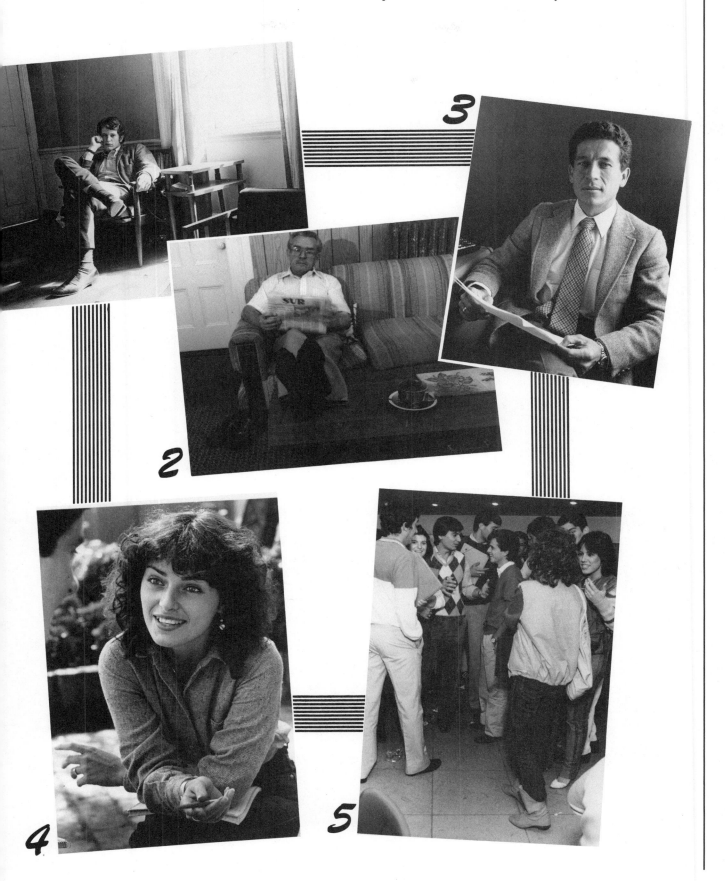

Now compare your interpretations to the following.

The person in the first picture might be seen as sloppy, lazy, and not very interested in other people.

The second person's behavior is completely unacceptable in most of the Hispanic world, where people should keep their shoes on and their feet off tables when socializing!

Person 3 is probably quite proper and alert, to most Hispanic eyes. In some parts of the world, however, his posture would be seen as scandalous, because one's foot should not be pointed at anyone and one's legs should not be crossed.

The fourth may seem to us honest, open, and alert. To others she may appear to be overly aggressive, even challenging. In many cultures people are taught to avert their eyes, especially when talking to someone older or of higher social standing.

In drawing 5, the people are standing at a very appropriate distance for conversation by Hispanic standards. Stand close to a classmate and converse with him or her. Does it make you feel uncomfortable? What is a comfortable distance for you?

RESPONDING TO OTHER SPEAKERS

Have you ever spoken to someone who showed no response at all? How did you interpret this? To keep a conversation going, it is necessary to react to what other people say. Discuss with one or two classmates the ways in which we show the following reactions. What do we say? What do we do?

1. showing surprise

   We say: _____

   _____

   We do: _____

   _____

   In Spanish, you might say:

*¡Imagínese! ¡Imagínate!	Imagine that!
¡No me diga(s)!	You don't say!
¡Qué sorpresa!	What a surprise!
¡Qué cosa!	Such a thing! (You don't say!)

2. showing interest

   We say: _____

   _____

   We do: _____

   _____

   In Spanish, you can say:

¿Ah?	Oh?
¿De veras?	Really?
Oh, sí	Oh, yes.
Ah, ya comprendo.	Oh, now I understand.
¡Qué interesante!	How interesting!
No sabía eso.	I didn't know that.
Y, ¿qué más?	And . . . ?

*In this introductory chapter, we offer you both the **tú** and **usted** forms of the verb. However, beginning in Chapter 1, we give only the **tú** form unless otherwise called for by the situation.

3. showing agreement

   We say: _____

   _____

   We do: _____

   _____

   In Spanish, you might say:

Es cierto.	*That's right.*
Sí, es verdad.	*Yes, that's true.*
Sí, tiene(s) razón.	*Yes, you're right.*
Estoy de acuerdo(a).	*I agree.*

4. asking for clarification

   We say: _____

   _____

   We do: _____

   _____

   In Spanish, you might say:

¿Quiere(s) decir que . . . ?	*Do you mean that . . . ?*
No sé si comprendo bien.	*I don't know if I really understand.*
¿Qué quiere(s) decir, exactamente?	*What do you mean, exactly?*
¿Repita(e), por favor?	*Will you repeat that, please?*

5. paraphrasing

   We say: _____

   _____

   In Spanish, you can say:

Me parece que quiere(s) decir que . . .	*I think you mean . . .*
Si no estoy equivocado(a), está(s) diciendo que . . .	*If I'm not mistaken, you're saying that . . .*
A ver si comprendo bien.	*Let's see if I understand you right.*
¿Está(s) diciendo que . . . ?	*Are you saying that . . . ?*

Use these strategies liberally, and you will encourage other people to keep talking.

GETTING YOUR FOOT IN THE DOOR

What do you and your classmates do in English when you want to say something in the following situations?

1. The person who is talking hesitates a moment.

   You say: _____

   _____

   In Spanish, you might say:

Sí, pero creo que . . .	*Yes, but I think . . .*
Sí, y . . .	*Yes, and . . .*
Pero me pregunto si . . .	*But I wonder if . . .*
Ah, sí. También, . . .	*Oh, yes. Also, . . .*

2. The person who is talking keeps chattering without taking a breath.

   You say: _____

   _____

In Spanish, you can say:

Sí, pero un momento . . .	*Yes, but just a minute . . .*
No, pero, mire(a) . . .	*No, but look, . . .*
Tengo que decir una cosa.	*I have to say one thing.*
Bueno, bueno, . . .	*Well, good, . . . (O.K., O.K.)*
Quiero decir algo.	*I want to say something.*
Pero déjeme (déjame) decir . . .	*But let me say . . .*
Pero permítame (permíteme) decir . . .	*But let me say . . .*
Mire(a), yo digo que . . .	*Look, I say that . . .*
Ah, y también . . .	*Oh, and also . . .*
¡No diga(s) eso! Yo creo que . . .	*Don't say that! I think (that) . . .*

3. The other person goes on talking and changes the topic in the process, but you want to comment on something he or she said earlier.

We say: _____

_____

In Spanish you might say:

Volviendo al tema de . . . , quiero decir que . . .	*Going back to the topic of . . . , I want to say that . . .*
Quisiera volver a lo que dijo (dijiste) antes.	*I want to go back to what you said before.*
Volviendo a lo que dijo (dijiste) antes, . . .	*Going back to what you said before, . . .*
Pero volviendo al otro tema, . . .	*But to go back to the other topic, . . .*

KEEPING THE FLOOR

In addition to talking louder and faster, how do we keep the floor long enough to finish what we want to say? Discuss what you do to accomplish the following.

1. hesitating

We say _____

_____

In Spanish you can say:

Eh . . .	*Umm . . .*
Y este . . .	*And uh . . .*
Y ¿cómo era?	*And, how did it go?*
Y Ud. sabe . . . }	*And you know . . .*
Y tú sabes . . . }	
Es decir, . . .	*That is to say, . . .*
Y, bien, . . .	*And, well, . . .*
Pues . . .	*Well . . .*
Es que . . .	*It's just that . . .*
Y en fin . . .	*And so . . .*

2. buying time

We say: _____

_____

In Spanish you might say:

Un momento . . .	*Just a minute . . .*
Espere (Espera) . . .	*Wait . . .*
Déjeme (Déjame) pensar (ver).	*Let me think (see).*
Y . . . ¿cómo se llama, . . . ?	*And . . . What's it called . . . ?*

3. asking for help

We say: _____

_____

In Spanish:

Ayúdeme (Ayúdame).	*Help me.*
¿Cómo se dice . . . ?	*How do you say . . . ?*
¿Cómo era . . . ?	*How was . . . ?*

4. expanding a point

We say: _____

_____

In Spanish:

Y también . . .	*And also . . .*
Y además . . .	*And besides . . .*
Y quisiera agregar (añadir) que . . .	*And I'd like to add that . . .*
Y ¿qué más? Pues, . . .	*And what else? Well . . .*
¡Ah! Y también . . .	*Oh! And also . . .*

5. finding another way to say something when you can't think of a word or expression (circumlocution)

We say: _____

_____

In Spanish you might say:

Oh, ¿cómo es que se llama?	*Oh, how is it that you say that?*
Bueno, no recuerdo cómo se dice, pero es . . .	*Well, I don't remember how you say it, but it's . . .*
Oh, usted sabe (tú sabes), es esa cosa (persona) que . . .	*Oh, you know, it's that thing (person) that (who) . . .*
No puedo explicarlo, pero . . .	*I can't explain it, but . . .*

6. clarifying, restating

We say: _____

_____

In Spanish:

Quiero decir que . . .	*I mean that . . .*
Es decir, . . .	*That is to say, . . .*
Permítame (Permíteme) repetir . . .	*Let me repeat . . .*

ENCOURAGING OTHERS TO PARTICIPATE

What about the quiet person, who doesn't participate? In most Hispanic circles, the strong, silent type is not admired; such behavior is seen as antisocial. How do we encourage others to get involved? One thing we can **do** is to look at the person and wait for him or her to say something. In addition, what can we **say**?

1. asking for an opinion or information

We say: _____

_____

In Spanish you might say:

¿Y usted (tú), Diego?	*And you, Diego?*
Y ¿qué piensa usted (piensas tú), Diego?	*And what do you think, Diego?*

Diego, creo que dijo (dijiste) una vez que . . .   *Diego, I think you said once that . . .*

2. pointing out a person's expertise

   We say: _____

   _____

In Spanish:

Ana sabe mucho de eso, ¿verdad, Ana?   *Ana knows a lot about that, right Ana?*

Algo semejante le pasó a Ana, ¿no, Ana?   *Something similar happened to Ana, right, Ana?*

PRÁCTICA
LEAMOS

Study the following conversations. What do you and your classmates think the italicized phrases mean? How are they used? Discuss them and compare your opinions.

1. — Ven, hijo, cómete las espinacas. Son muy buenas para tu salud. Te darán muchas fuerzas y . . .
   — *¡Ay, Mamá, no me gustan!* Las odio. ¡Qué asco! Huelen mal y saben mal y . . .
   — *Muy bien, muy bien.* ¿Qué tal un poco de helado después?
   — *Claro, como no,* Mami. Dame mucho.

2. — Marcos no me prestó atención ayer. Llevé mi vestido nuevo y a cada rato le dirigí la palabra, pero . . . *Y en fin,* ese hombre es un tonto. Pero *te voy a contar lo que me pasó ayer. Fíjate que* yo apenas había llegado al trabajo cuando la loca de Mercedes me dice que . . .
   — *Pero un momento. Volviendo al tema de Marcos,* estoy de acuerdo con lo que dijiste. No debes perder tu tiempo . . .

3. — *¡No me vas a creer! ¿Sabes lo que me pasó ahora?*
   — *¿Qué te pasó?*
   — Estaba leyendo tranquilamente en la sala cuando entró Papá y me acusó de haber chocado el auto esta mañana porque está arruinado.
   — *¡No me digas!*
   — Sí, y lo peor es que él piensa que fui yo . . .
   — *¿Me estás diciendo que* no lo hiciste?

4. — Les voy a explicar cómo preparar arroz con pollo. Primero, hay que tener listos los *ah, . . . este . . . ¿Cómo se dice?*
   — *¿Los ingredientes?*
   — Sí, gracias. Se necesita, por supuesto, arroz y pollo . . . y también . . . *ah, no sé cómo se llama, pero es una especia amarilla que se usa mucho en España.*
   — ¿Azafrán?
   — Sí, claro.

5. — Descríbeme tu familia, por favor.
   — *Bueno, . . .* Tengo tres hermanos y mis padres. Todos viven juntos en Idaho. También tengo muchísimos *ah . . . un momento, no me digas la palabra . . .* ¡primos!

ESCUCHEMOS

Listen to each taped conversation as many times as you need to; then write the expressions that the native speakers use to respond to each other, to get into the conversation, to keep the floor, and to encourage each other.

CONVERSACION 1

Cristina is passing along to Marcos a bit of gossip about María Luisa, a mutual friend of theirs. What expressions does Cristina use to get Marcos' interest and keep the story going?

Marcos, ¡lo que te tengo que contar de María Luisa!

_____

_____

_____

What expressions does Marcos use to show surprise and to encourage Cristina to continue her story?

A ver, cuéntame

_____

_____

_____

CONVERSACION 2

Chemistry professor Medina explains a difficult point to Teresita about an experiment. What expressions does Teresita use to indicate that she understands or doesn't understand or that she needs a clarification?

Ay . . . no comprendo, profesor.

_____

_____

_____

CONVERSACION 3

Three young people discuss a movie they just saw together. What expressions do they use . . .

to interrupt each other and keep the floor?

A divertirse

_____

_____

to show interest or agree with one another?

Bueno

_____

_____

SITUACIONES

For each of the following situations, choose at least one Spanish expression from this chapter that you might use. Discuss the possibilities with one or two classmates.

1. A friend of yours is telling you about something that he saw today, but he can't think of a word that he needs.
2. You are telling the class about how to do something that you know how to do very well, but a key word slips your mind.
3. Your friend is informing you about something that you really need to know, but he loses his train of thought.
4. You are excitedly telling about something that happened to a dear friend of yours. You want to be listened to, and you don't want to be interrupted. Someone else seems about to jump in.
5. Someone just said something that you were about to say, and you wish to add a point.
6. A classmate of yours corners you before class and talks steadily about something that doesn't interest you. You need to ask her a question about the assignment, before the instructor arrives.

Throughout this book you will continue to learn more about managing different kinds of conversations. The expressions that you have practiced in this lesson should be useful in all sorts of situations. Keep them in mind as you deal with the topics of the other chapters, and return to review these introductory pages whenever it is necessary.

¡SIGAMOS ADELANTE!

Capítulo 1

INITIATING AND CLOSING CONVERSATIONS
"¡Mucho gusto!"

NUEVOS
AMIGOS

ESCUCHAR Y APRENDER
CONVERSACION 1

A. Dos estudiantes, amigos, se encuentran en la universidad después de las vacaciones largas de verano.

Escucha la grabación y anota las expresiones que se utilizan para iniciar y terminar la conversación.

SALUDOS   DESPEDIDAS

_____   _____

_____   _____

CONVERSACION 2

B. En una fiesta, un estudiante se acerca a otros dos y se presenta. Se dan cuenta de que tienen algo en común. Escucha la cinta y anota las expresiones que se utilizan para iniciar y terminar la conversación y para presentar a otras personas.

PRESENTACION

_____

SALUDOS   DESPEDIDAS

_____   _____

_____   _____

_____   _____

CONVERSACION 3

C. Un joven presenta a dos de sus amigos que no se conocen. Escucha la conversación y apunta las expresiones apropiadas.

PRESENTACION

_____

SALUDOS   DESPEDIDAS

_____   _____

_____   _____

_____   _____

CONVERSACION 4

D. Un hombre presenta a dos personas. Escucha la conversación y toma apuntes sobre las expresiones que usan al conocerse.

PRESENTACION

_____

SALUDOS   DESPEDIDAS

_____   _____

_____   _____

_____   _____

EL CUERPO HABLA

¿Cómo se saludan los amigos? En el mundo hispano es normal saludar a los amigos de la siguiente manera. ¡No seas distante con tus amigos!

¿TU, USTED O VOS?

¿Cuándo se usa **tú** y cuándo se usa **usted**? Según las normas tradicionales, se tratan de **tú**:

- los niños, los jóvenes, los estudiantes
- muchas veces, pero no siempre, los miembros de un grupo especial como un club o los compañeros de trabajo
- los parientes y los amigos íntimos
- los adultos a los niños

Generalmente se tratan de **usted**:

- los niños con los adultos
- los adultos que no se conocen bien, especialmente en situaciones de cierta formalidad
- los adultos de diferentes niveles sociales o de diferente jerarquía en el trabajo

En algunos países ya se tutea (se usa el **tú**) casi todo el mundo. En otros países y regiones se mantiene la distancia tradicional entre personas de diferente edad o posición social, usando la forma de **usted**.

Además, el asunto se complica más en las regiones donde se usa el **vos**. En Costa Rica y la Argentina, por ejemplo, no se oye el **tú** (tú sabes, eres tú) sino **el vos (vos sabés, vos sos)**. **Vos** es un pronombre personal que viene del español antiguo. Por ahora, no te preocupes por el **vos**; no lo necesitas, aunque es muy posible que lo oigas.

E. Asociaciones. ¿Qué palabras asocias con los siguientes temas? Escribe cuatro palabras relacionadas a cada tema. Por ejemplo, ¿qué palabras describen a los miembros de tu familia? ¿Qué palabras vas a necesitar para hablar de tu vida?

la historia de mi vida
_____
_____
_____

mi familia
_____
_____
_____

mi trabajo
_____
_____

mis clases
_____
_____
_____

mis pasatiempos
_____
_____
_____

Compara tus palabras con las de dos de tus compañeros. ¿Qué palabras adicionales han escrito tus compañeros? De las palabras que han escrito tus compañeros, escribe una palabra relacionada a cada tema.

la familia: _____   las clases: _____ _____

la vida: _____   el trabajo: _____

los pasatiempos: _____

memomomem

EXPRESIONES QUE SE USAN PARA INICIAR Y TERMINAR UNA CONVERSACION

Buenos días. ¿Cómo estás?	Hello. How are you?
Bien, muchas gracias.	OK, thank you.
De nada.	You're welcome.
Hola. Soy (Me llamo) . . .	Hi. I'm (My name is) . . .
Hola, ¿cómo te llamas?	Hi, what is your name?
¿Qué hay de nuevo?	What's new?
¿Eres . . . ?	Are you . . . ?
¿De dónde eres?	Where are you from?
Vivo . . .	I live . . .
¿Cuál es tu especialización?	What is your major?
Hasta luego.	See you later.

F. Hola. Me llamo . . .   Ahora vas a conocer a un(a) compañero(a) de clase desconocido(a) para ti. Levántate, acércate a la otra persona, dale la mano y salúdalo(la). Para conocerlo(la) mejor, hazle preguntas. El (Ella) te va a hacer preguntas a ti también. Llena el siguiente formulario con la información que te dé tu compañero(a).

Nombre:	Origen:
Familia:	Pasatiempos:
Estudios:	Dónde vive:
	Dónde ha vivido:
	Cuándo se gradúa:
Especialización:	
Trabajo:	Otra información:
Viajes:	

G. Mucho gusto.   Ya conoces a una persona (A). Ahora, acérquense a otros dos estudiantes (B y C). Preséntense todos. Diles a B y C algo interesante sobre A y A les dirá algo de ti. Cuando todos hayan hablado, despídanse y siéntense.

H. Quiero presentarles a . . .   Ya que sabes mucho de A, preséntaselo(la) a la clase. Si no recuerdas algún detalle importante, pregúntaselo otra vez.

EXPRESIONES QUE SE USAN PARA PRESENTAR A OTRAS PERSONAS

_____, quiero presentarle a _____.	_____, I want to introduce you to _____.
_____, te presento a _____.	_____, I would like you to meet _____.
Y éste (ésta) es mi amigo(a) _____.	And this is my friend _____.
Les presento a _____. ⎫ Quiero presentarles a _____. ⎬ Tengo el gusto de presentarles a _____. ⎭	I want you all to meet _____. I have the pleasure of introducing _____ to you.
Mucho gusto.	How do you do? (Hello).
El gusto es mío.	The pleasure is mine.
Encantado(a).	Pleased to meet you.
Bueno, ha sido un placer.	Well, it has been a pleasure.
Gusto de conocerte.	It's been nice meeting you.
Mucho gusto, _____.	It's been nice meeting you, _____.
Adiós, hasta luego.	Good-bye, I'll see you later.

I. ¿Son ustedes compatibles? ¿Quiénes son más compatibles? En el siguiente cuestionario llena los espacios con tus propios datos. Luego, con tres o cuatro compañeros, comparen sus respuestas para ver qué tienen en común. ¿Con quién del grupo tienes más en común?

AMIGOS, S.A.

Cuestionario   Datos personales

Fecha de nacimiento: _____

Lugar de nacimiento: _____

Cursos favoritos: _____

Música predilecta: _____

Pasatiempos favoritos: _____

Talentos y destrezas especiales: _____

_____

Lugar favorito: _____

Color favorito: _____

Clubes y organizaciones: _____

_____

Otras características que considero importantes: _____

_____

_____

SITUACIONES

J. Encuentros. Vas a participar ahora en unos encuentros imaginarios, como si no estuvieras en la clase sino en otros sitios. Con un(a) compañero(a), practiquen una de las siguientes situaciones y preséntenla a la clase.

1. Ustedes son nuevos compañeros de cuarto en una residencia universitaria. Tú entras en el cuarto, donde está tu nuevo(a) compañero(a). ¿Qué hacen? ¿Qué dicen? Entablen una conversación breve y despídanse.

2. Son nuevos vecinos y se encuentran en la acera frente a su casa. ¿Qué hacen? ¿Qué dicen? Entablen una conversación breve y despídanse.

3. Viven en unos apartamentos y son nuevos vecinos. Uno es adulto, el otro es un niño de diez años. Se encuentran el patio. ¿Qué dicen? Entablen una conversación.

4. No se conocen. Son dos personas que están en un autobús que va de Guadalajara a la ciudad de México. Tienen los asientos juntos. Conversen.

5. No se conocen. Están sentados uno al lado del otro en un teatro, esperando a que comience un concierto. Conversen.

6. Uno de ustedes tiene un problema—ha salido de su casa sin las llaves y ha cerrado la puerta dejando las llaves adentro. Va a la casa del otro para usar el teléfono.

K. Una reunión. Trae a la clase una fotografía grande de una persona, recortada de una revista. Inventa para la persona un nombre, una historia y una personalidad. Tú vas a hacer el papel de esa persona en la siguiente situación.

Todos están asistiendo a una reunión internacional, donde representan a sus universidades. Como no se conocen, dan una fiesta para conocerse. Habla con el mayor número de personas posible. Recuerda que tienes que representar bien a tu institución.

FUERA DE CLASE

Ya has tenido la oportunidad de conocer a muchas personas, tanto verdaderas como imaginarias y has conversado con ellas. ¿Estás listo(a) a llevarlo a la vida real, fuera de la clase? Vas a poner en práctica todo lo que has aprendido.

L. ¿Te gustaría encontrar una nueva amistad de habla española, fuera de la clase? Algunos amigos potenciales podrían ser:

- los estudiantes extranjeros de intercambio en las escuelas secundarias y las universidades
- los estudiantes cuyo idioma materno es el español, en los centros especiales de educación para adultos
- los jubilados que viven en *retirement communities* (comunidades especiales para personas jubiladas) y en hogares para ancianos—¡A muchos les encantaría ayudar y participar en tus proyectos!
- los comerciantes extranjeros que trabajan para empresas internacionales, y sus familias
- los dueños de restaurantes hispanos y sus familias
- los otros profesores de español

También puedes consultar con los consulados de los varios países y hablar con los que han servido en el Cuerpo de Paz *(Peace Corps)* de los Estados Unidos y otros que han vivido en países hispanos. Si no hay nadie más, siempre puedes entrevistar a los estudiantes más avanzados.

¡Es mejor
ser perfecta
que hablar
mucho!

Olga Orgullosa

Nota: No seas como Olga Orgullosa; no te preocupes demasiado por hablar perfectamente bien, sin errores. ¡Los extranjeros en tu país también han tenido problemas al aprender el inglés! Es normal cometer errores de gramática, vocabulario y pronunciación. Además, no olvides que puedes usar varias estrategias para dirigir la conversación a tu gusto.

Una vez encontrada la persona con quien vas a hablar, las expresiones siguientes te seran útiles en hacer la entrevista con él o ella.

Si necesitas tiempo para pensar y no quieres que te interrumpa otra persona, puedes usar estas expresiones. Aquí incluimos la forma de **usted** para las situaciones cuando no conoces bien a la otra persona.

memor

EXPRESIONES QUE SE USAN PARA HACER UNA PAUSA	
Pues, déjeme (déjame) pensar.	Uh, let me think.
Déjeme (Déjame) ver.	Let me see.
Y . . . ¿qué sé yo . . . ?	And . . . what should I say . . . ?
Espere (Espera) un momento.	Wait just a minute.
Un momento, por favor.	
¿Cómo se dice . . . ?	How do you say . . . ?

Si quieres aclarar algo, o si quieres que la otra persona explique mejor algo que no has entendido bien, puedes utilizar las siguientes expresiones.

memomen

EXPRESIONES QUE SE USAN PARA ACLARAR ALGO	
Quiero decir que . . .	I mean (that) . . .
No, déjeme (déjame) decirlo de otra manera.	No, let me say it another way.
No, es que . . .	No, it's just that . . .
Perdón, no comprendí bien. Repita(e), por favor.	Excuse me, I didn't understand completely. Repeat, please.
Lo siento, pero no comprendo eso.	I'm sorry, but I don't understand that.
¿Quiere(s) decir que . . . ?	Do you mean that . . . ?
¿Podría(s) repetirlo más despacio, por favor?	Could you repeat it more slowly, please?

Primero, vamos a practicar. Tu profesor(a) hará el papel del (de la) entrevistado(a). Llámalo(la) para hacer una cita. Luego, practica con un(a) compañero(a). Por turnos, hagan los papeles del (de la) entrevistador(a) y el (la) entrevistado(a).

Ahora, hazle una llamada telefónica a la persona que has seleccionado para hacer una cita. ¡No te olvides de usar **usted!** En esta conversación, insiste en que te hable en español solamente.

memomemom

EXPRESIONES QUE SE USAN PARA UNA CONVERSACION TELEFONICA

Buenas tardes. ¿Hablo con . . .?	Good afternoon. Am I speaking with . . . ?
Soy estudiante de español y me gustaría hacer una cita con usted para entrevistarlo(la) en español.	I am a Spanish student and I would like to make an appointment with you to interview you in Spanish.
¿Cuándo le conviene?	When is a good time for you?
¿Le conviene el miércoles a las 3:00?	Is Wednesday at 3:00 convenient for you?
¿Dónde prefiere hablar?	Where do you prefer to do the interview?
Bueno, muchas (muchísimas) gracias.	Well, thank you (very much).
Hasta el miércoles a las 3:00, entonces.	I'll see you Wednesday at 3:00, then.

Toma apuntes sobre la conversación telefónica.

¿Cómo contestó el teléfono la persona? ¿Usó alguna expresión interesante? _____

¿Cómo reaccionó la persona—cortésmente, con entusiasmo, con gusto, sin gusto? _____

_____

¿Trató de hablar en inglés contigo? _____

¿Cuántos minutos duró la conversación? _____

¿Fue fácil o difícil comprender a la persona? _____

¿La persona comprendió todo lo que dijiste? _____

¿Qué no comprendió? _____

Antes de entrevistar a la persona, prepara con tus compañeros de clase una lista de preguntas para que sirva de guía durante la entrevista.

_____

_____

_____

_____

_____

Ahora, entrevista a tu nuevo(a) "amigo(a)". Pídele permiso para grabar la entrevista, para que tus compañeros de clase puedan oírla también. Usa la forma de **usted**.

Ejemplos:
Si quieres, puedes usar estas expresiones.

Con su permiso, quisiera grabar la conversación.
Permítame preguntarle . . .
Quisiera saber . . .
Quisiera preguntarle . . .
¿Cómo se escribe eso?
¿Cuánto tiempo hace que vive aquí?
¿Extraña usted a sus familiares en su país?
Quisiera tener un(a) amigo(a) en su país. ¿Puede darme la dirección
de alguna persona de mi edad allí?

Preguntas sobre la visita:

¿Dónde hiciste la entrevista? _____

¿Cuánto tiempo duró la conversación? _____

¿Quiénes estaban presentes? _____

¿Qué impresión tuviste en general? _____

_____

"Mucho gusto." "El gusto es mío."

Ahora, escucha la cinta y anota las respuestas de tu nuevo(a) amigo(a) y las preguntas que te hizo a ti. Comunícaselas a la clase.

respuestas: _____

_____

_____

_____

_____

_____

_____

preguntas: _____

_____

_____

_____

_____

_____

Escucha la cinta otra vez y anota cómo introdujo sus preguntas y respuestas.

¿Qué expresiones usó la persona para dar las respuestas?

_____

_____

¿Qué expresiones usó para hacerte preguntas?

_____

_____

¿Qué expresiones usó cuando no comprendía algo?

_____

_____

¿Qué expresiones usó cuando tú no le comprendiste, para aclararte lo que quería decir?

_____

_____

¿Conseguiste el nombre de otra persona que vive en un país hispano?

Nombre y apellido: _____

Dirección: _____

_____

_____

_____

_____

Escribe una carta a esta persona. Si es de tu edad o más joven, usa **tú**; si es mayor, usa **usted.** Hay aquí un modelo.

Estimado (a) / Querido (a) —————,

Permítame (Permíteme) presentarme. Soy————.
Por medio de ———— conseguí su (tu) nombre y
dirección para poder escribirle (te). No me
conoce (s), pero soy estudiante de español
en ———— y me gustaría intercambiar cartas
con una persona de habla española.

Le (Te) cuento que soy . . . . .
(Aquí le das información sobre ti)
¿Ahora quiere (s) decirme algo sobre usted (ti)
y su (tu) vida?
(Aquí le haces algunas preguntas sobre
lo que te gustaría saber de la persona.)

Esperando que me conteste (s) pronto,
me despido, hasta pronto,

(Tu firma)

vocabulario

palabras que
quiero recordar

Capítulo 2

INITIATING AND BUILDING TOPICS
"*Hablando de otro tema, ¿qué estudias?*"

LA
VIDA
UNIVERSITARIA

ESCUCHAR Y APRENDER
CONVERSACION 1

A. ¿Cómo iniciamos un tema nuevo durante una conversación? ¿Cómo desarrollamos el tema, agregamos más información, expresamos nuestras opiniones, etc.? En la conversación 1, dos estudiantes se saludan frente a la biblioteca. Cada uno describe el curso más difícil que sigue este semestre. Cada uno desarrolla su tema pero están metidos en sus propias preocupaciones, y ninguno escucha al otro. Escucha la grabación y apunta las expresiones que los estudiantes usan para iniciar y ampliar los temas relacionados a la vida universitaria.

1. ¿De qué cursos hablan los dos?

   La mujer: _____

   El hombre: _____

2. Expresiones para iniciar un tema:

   _____

   _____

3. Expresiones para mantener en marcha su propio tema:

   _____

   _____

CONVERSACION 2

B. Tres estudiantes latinoamericanos comparan la vida estudiantil de los Estados Unidos con la de los países hispanos. Escucha la grabación dos veces y haz una lista de las diferencias principales entre la vida universitaria de los países, según las personas que hablan.

_____

_____

_____

_____

C. Escucha dos veces más la conversación y escribe las expresiones que usan para iniciar y ampliar los temas.

1. Expresiones para iniciar un tema:

_____

_____

2. Expresiones para comentar sobre algo que ha dicho otro:

_____

_____

CONVERSACION 3

D. Tres estudiantes latinoamericanos se encuentran en un restaurante y hablan de dos temas. Uno de los amigos no quiere hablar del segundo tema, el de las demostraciones políticas de la universidad. Escucha la conversación una vez para averiguar cuál es el primer tema del que hablan:

Tema:

_____

Ahora escucha dos veces más y toma apuntes sobre lo siguiente.

1. Expresiones para saludarse:

_____

_____

2. Expresiones para iniciar un tema:

_____

_____

3. Expresiones para añadir algo:

_____

_____

4. Expresiones para solicitar la participación de otro:

_____

_____

PALABRAS A REPASAR

E. Juego   Sin usar el diccionario, escribe el mayor número de palabras que puedas correspondientes a las categorías siguientes.

(Los estudios): biología, inglés, exámenes, notas, _____

_____

_____

Actividades de la vida diaria: levantarse, bañarse, afeitarse, desayunar, _____

_____

_____

_____

_____

_____

F. Más palabras. Compara tus listas con las de otros tres estudiantes y agrega las palabras que los otros han escrito.

estudios: _____

actividades: _____

adjetivos: _____

adverbios: _____

G. ¿Dónde vives? ¿Qué palabras usarías para describir el lugar donde vives? Escribe cinco palabras y añade cinco más de las listas de tus compañeros.

mis palabras _____ las palabras de mis compañeros

_____   _____

_____   _____

_____   _____

_____   _____

ENTRE NOSOTROS

H. ¿Cómo organizas tu tiempo? Entrevista a un(a) compañero(a) y llena el formulario en la página 31 con las clases y otras actividades de tu compañero(a). Llena los espacios. El (ella) también te entrevistará a ti.

	domingo	lunes	martes	miércoles	jueves	viernes	sábado
12 a.m.							
1 a.m.							
2 a.m.							
3 a.m.							
4 a.m.							
5 a.m.							
6 a.m.							
7 a.m.							
8 a.m.							
9 a.m.							
10 a.m.							
11 a.m.							
12 p.m.							
1 p.m.							
2 p.m.							
3 p.m.							
4 p.m.							
5 p.m.							
6 p.m.							
7 p.m.							
8 p.m.							
9 p.m.							
10 p.m.							
11 p.m.							

I. ¿Cómo podrías usar mejor tu tiempo?   Discute con tu compañero(a) cómo deben usar el tiempo.

EXPRESIONES QUE SE USAN PARA TRATAR LOS PROBLEMAS Y DAR LAS SOLUCIONES

Fíjate que tengo un problema con . . .	Look, I have a problem with . . .
Mi preocupación mayor es que . . .	My greatest problem is that . . .
Pero, ¿por qué es un problema?	But, why is that a problem?
Sí, es un problema. ¿Qué piensas hacer?	Yes, that's a problem. What do you think you'll do?
Una solución sería . . .	One solution would be . . .
¿Has tratado de . . . ?	Have you tried to . . . ?

EXPRESIONES QUE SE USAN PARA MANTENER LA CONVERSACION EN MARCHA

Comprendo bien, pero . . .	I understand very well, but . . .
Pero, tú sabes que . . .	But you know that . . .
Un momento.	Just a minute.
Yo también.	I (Me), too.
Claro que sí, pero . . .	Of course, but . . .
(Vamos) A ver.	Let's see.
Depende.	It depends.
Tienes razón, pero . . .	You're right, but . . .
A mí me parece que . . .	It seems to me that . . .

J. Mis problemas.   Escribe dos problemas o preocupaciones que tienes en tu vida diaria.

1. _____

2. _____

Con otros dos estudiantes, explica uno de los problemas a fondo. Un(a) compañero(a) te hará preguntas para comprender mejor. La otra persona observará y anotará las expresiones que usan para mantener la conversación en marcha.

la persona que explica su preocupación: _____

_____

_____

la persona que hace preguntas: _____

_____

_____

EXPRESIONES QUE SE USAN PARA EXPRESAR OPINIONES

Desde un punto de vista . . .	From one point of view . . .
Por otra parte, . . .	On the other hand, . . .
Lo que (no) me gusta de . . . es que . . .	What I (don't) like about . . . is that . . .
Siempre me ha gustado . . .	I have always liked . . .
¿Y a ti?	And you?
A mí, también, pero . . .	Me, too, but . . .
A mí, no.	I don't.
Nunca me ha gustado . . .	I have never liked . . .
¿Y a ti te ha gustado?	And have you liked it?
A mí tampoco, pero . . .	Me neither, but . . .
A mí, sí.	I do.
Tienes razón, pero . . .	You're right, but . . .
No estoy de acuerdo.	I don't agree.
A mí me parece que . . .	It seems to me that . . .
¿Qué piensas tú? ¿A ti qué te parece?	What do you think?

K. Especializaciones. En un grupo de tres compañeros, comparen sus especializaciones, las ventajas y desventajas de cada una y por qué les gustan. Discutan, por ejemplo, los requisitos, el número de horas que tienen que estudiar cada día, si hay laboratorio o alguna otra tarea especial fuera de la clase, el costo de los libros, el número de estudiantes que hay en cada clase, si conocen bien a los profesores y las oportunidades futuras que ofrece cada especialización.

L. Una buena conversación. Tu profesor(a) te va a dar una lista indicando qué información debes conseguir de dos de tus compañeros. Ellos también tendrán preguntas para ti. Háganse las preguntas, pero no se limiten a un simple procedimiento de preguntar y contestar; traten de insertar los temas como en una buena conversación y al contestar las preguntas de sus compañeros, agreguen información, comentarios interesantes y anécdotas personales.

SITUACIONES

M. En el centro estudiantil. Piensa en un tema que te es muy importante en este momento. Con dos de tus compañeros, finjan que están en el Centro Estudiantil, donde están tomando algo y conversando. Dos de ustedes conversan sobre temas que quieren discutir y tratan de mantener su tema en marcha. Ninguno de los dos quiere escuchar al otro. La tercera persona observa y anota las expresiones que usan.

1. puntos a discutir (lo que vas a decir): _____

_____

_____

_____

_____

_____

_____

2. apuntes del (de la) observador(a) (expresiones usadas por los compañeros): _____

_____

_____

_____

_____

_____

N. Me gusta la universidad . . .   Vuelves a tu escuela secundaria y visitas a tu consejero(a) (un/a compañero/a de clase). Háblale de las ventajas y desventajas de la universidad que has escogido, para que él (ella) pueda compartir esta información con los estudiantes de tu escuela secundaria. Puedes escribir algunas ideas para que te sirvan de guía.

_____

_____

_____

_____

_____

O. ¿Quieres estudiar en el extranjero?   En casa, llena el formulario que se encuentra en la página 35 para solicitar una beca como estudiante de intercambio en la Universidad Autónoma de San Gerónimo.

Tres compañeros y tú forman un equipo que va a seleccionar un(a) estudiante para el programa, entre otro grupo de cuatro compañeros. Primero hagan una lista de las cualidades más importantes que debe tener un(a) estudiante de intercambio.

> ejemplos:
> Si quieres, puedes usar estas expresiones para empezar.
>
> **Es importante saber el idioma.**
> **Creo que el(la) mejor candidato(a) es el(la) que . . .**
> **Y además, debe . . .**
> **Y otra cualidad importante es . . .**
>
> _____
>
> _____
>
> _____

Ahora, estudien las solicitudes del otro grupo (mientras que el otro grupo estudia las de ustedes), y escojan los dos candidatos que les parezcan mejores.

> ejemplos:
> Si quieres, puedes usar estas expresiones para empezar.
>
> **Bueno, éste(a) tiene (es) más . . .**
> **Pero por otra parte, . . .**
> **Pero fíjense que . . .**

Entrevisten a los dos candidatos que han escogido. Preparen tres preguntas que puedan hacerles para conseguir información sobre las cualidades que les parezcan importantes para un(a) estudiante de intercambio.

PROGRAMA DE INTERCAMBIO

Su universidad: _____

Nombre y apellidos: _____

_____

Dirección: _____

_____

Teléfono: _____ Edad: _____ Estado civil: _____

Especialización en los estudios: _____

Promedio de las calificaciones: _____

Promedio de calificaciones en español: _____

Estancia en otros países:

    ¿Ha vivido en otro país? _____ _____
                                 Sí   No

    Si la respuesta es afirmativa, ¿en qué país(es) ha vivido y durante cuánto tiempo vivió allí?

    País   De...

_____ _____

En San Gerónimo prefiero vivir:

    en una pensión _____   en una residencia universitaria _____

    con una familia _____   en un apartamento con otros

                                      estudiantes norteamericanos _____

Escriba un párrafo en el que explica las razones por las cuales usted desea estudiar en la Universidad de San Gerónimo.

_____

_____

_____

_____

_____

1. _____

   _____

2. _____

   _____

3. _____

   _____

Anota a continuación las respuestas de los candidatos.

1. a. _____

     _____

b. _____

2. a. _____

b. _____

3. a. _____

b. _____

Decidan entre ustedes cuál candidato llena mejor los requisitos y anuncien su decisión al otro grupo.

P. ¿Quién gana la beca?   Con un(a) compañero(a), traten de resolver el siguiente problema para ver cuál de los estudiantes gana la beca. Lean la descripción del problema y conversen para formular una estrategia para resolverlo.

EL EXAMEN PARA LA BECA

Cinco chicos presentaron un examen para una beca. Este constaba de cinco materias: latín, inglés, ciencias, matemáticas e historia. Cada una de ellas valía 60 puntos, los cuales se dividirían entre los 5 chicos. Curiosamente, cada chico fue primero en una materia, segundo en otra, tercero en otra, cuarto en otra y quinto en la otra. Sin embargo, las sumas de sus puntos obtenidos, diferían. La obtención de la beca estaba basada en las puntuaciones totales.

Se informaron los hechos siguientes:

Alfred obtuvo el tercer lugar en latín. Sin embargo en inglés obtuvo 27 puntos contra los 26 de David.

Bertram obtuvo 12 puntos en ciencias y fue el penúltimo lugar en matemáticas con sólo 2 puntos.

Cyril fue el último en historia con 10 puntos.

David, con 18 puntos, obtuvo el tercer lugar en matemáticas.

Egbert logró el primer lugar en historia, pero el último en ciencias, con sólo 9 puntos.

La máxima calificación en latín fue de 14 puntos.

¿Quién ganó la beca, y cuál fue la puntuación total del ganador y sus rivales?

Cuando hayan hecho su decisión, comparen el resultado con los de las otras parejas de estudiantes. Su profesor(a) les dará la solución correcta.

Solicitud de Ayuda Federal Estudiantil

—Beca Suplementaria para Oportunidad Escolar (Supplemental Educational Opportunity Grant—SEOG)

Una SEOG también es una beca; usted no tiene que reembolsarla. Para recibir una SEOG, usted tiene que ser un estudiante **no graduado** que no tenga un título universitario (Bachelor's degree). Normalmente, usted tiene que estar matriculado en la universidad por lo menos como estudiante de medio tiempo. Sin embargo, si una universidad así lo elige, ésta puede dar una SEOG a algunos estudiantes quienes estén matriculados por menos de medio tiempo.

—Trabajo-Estudio en la Universidad (College Work-Study—CW-S)

Un empleo de CW-S le permite ganar una parte de sus gastos escolares. Estos empleos son para los estudiantes **graduados y no graduados.** Normalmente, usted deberá estar matriculado en la universidad por lo menos como un estudiante de medio tiempo. Sin embargo, si una universidad lo determina, ésta puede dar empleo de CW-S a algunos estudiantes quienes estén matriculados por menos de medio tiempo.

—Préstamo Nacional Directo al Estudiante (National Direct Student Loan—NDSL)

Un NDSL es un préstamo de intereses bajos hecho por la oficina de ayuda financiera de su universidad. Después de dejar sus estudios, usted tendrá que reembolsar este dinero. Estos préstamos son para los estudiantes **graduados y no graduados** que asisten a una universidad por lo menos a medio tiempo.

—Préstamo Estudiantil Garantizado (Guaranteed Student Loan—GSL)

Un GSL es un préstamo de intereses bajos concedido a usted por un prestador, tal como un banco, una cooperativa de crédito, o una asociación de ahorro y préstamos. Estos préstamos son para estudiantes **graduados y no graduados** que asisten a una universidad por lo menos a medio tiempo. Después de dejar sus estudios, usted tendrá que reembolsar ese dinero.

FUERA DE CLASE

Q. Inviten a varias personas de habla española (por ejemplo, estudiantes extranjeros) a que vengan a la clase y expliquen el sistema universitario de sus países. Después, en grupos pequeños, entrevístenlas individualmente. Si no encuentran a varias personas, inviten a una o dos y hagan la entrevista todos juntos.

1. ¿Qué quieren preguntarles? Al invitarlas, ¿qué indicaciones les van a dar? Anota algunas expresiones que puedan usar cuando las inviten.

_____

_____

_____

_____

2. Graben las entrevistas y observen cómo inician nuevos temas y qué dicen para ampliar o cambiar el tema. Escribe algunas expresiones que hayas escuchado durante las entrevistas.

_____

_____

_____

R. Inviten a algunos profesores de español (de tu universidad y de otras instituciones) y a representantes de agencias de viajes, programas de estudios en el extranjero, etc., para que les hablen de las oportunidades que hay para estudiar en el extranjero. Si no encuentran a nadie que pueda presentar la información en español, consíganla primero en inglés y presenten los resultados en español ante la clase.

Dos compañeros de clase pasan el tiempo conversando.

1. Primero, con un(a) compañero(a), haz una lista de preguntas que puedes usar para conseguir información sobre el costo del programa y del viaje, las excursiones que ofrecen, dónde vivirán los estudiantes y . . . ?

_____ _____

_____

_____

_____ _____

2. Escribe la información que hayas conseguido sobre el programa.

_____ _____

_____

_____

_____

3. Ahora estudia la información. ¿Cuál de los programas te gusta más a ti? ¿Por qué? Discute con tus compañeros las ventajas y desventajas de los varios programas.

S. Inviten a estudiantes y otras personas de la ciudad que hayan estudiado en el extranjero, para que les hablen de sus experiencias y la vida universitaria en otros países. Escribe las expresiones que se usan en este capítulo, para iniciar y ampliar los temas.

_____ _____

_____

_____

_____ _____

vocabulario palabras que quiero recordar

Capítulo 3

DESCRIPTION AND CIRCUMLOCUTION
"Descríbeme . . ."

GENTE,
COSAS
Y LUGARES

ESCUCHAR Y APRENDER
CONVERSACION 1

A. Dos amigos hablan sobre cómo llegar a la casa de Mariana porque ella da una fiesta. Escucha la grabación y escribe las expresiones apropiadas.

1. expresiones para explicar dónde está: _____

_____

2. expresiones para describir: _____

_____

3. expresiones para decir que uno comprende: _____

_____

CONVERSACION 2

B. Dos amigas están conversando del amigo que acaba de conocer una de las dos muchachas. Escucha la conversación y escribe las expresiones apropiadas.

1. expresiones para describir su aspecto físico: _____

_____

2. expresiones para describir su personalidad: _____

_____

3. expresiones que utiliza la muchacha para describir sus sentimientos: _____

_____

CONVERSACION 3

C. Un joven pide ayuda para buscar su argolla (anillo). Escucha la cinta y toma apuntes.

1. expresiones para describir: _____

_____

2. expresiones para indicar que no sabe la palabra: _____

_____

D. Describir a personas. Estudia los siguientes adjetivos que se pueden usar para describir a personas, y escribe los antónimos.

CARACTERISTICAS FISICAS

1. moreno   rubio _____

2. fuerte _____

3. bajo _____

4. pequeño _____

5. delgado _____

6. feo _____

CARACTERISTICAS PSICOLOGICAS

7. alegre _____

8. antipático _____

9. hablador _____

10. liberal _____

11. tonto _____

12. impulsivo _____

13. optimista _____

14. trabajador _____

15. aburrido _____

E. Describir cosas. Para describir cosas, uno puede referirse al tamaño, a la forma, al color, al sentido del tacto, al sabor, al olor, etc. Anota las palabras que te serán útiles.

tamaño	**forma**	**color**
regular	redondo	azul

sentido del tacto	**sabor**	**olor**
suave	dulce	fresco

Ahora describe las siguientes cosas.

1. la bandera mexicana

_____

2. una pelota de béisbol

_____

_____

_____

3. una pizza

_____

_____

_____

4. el café

_____

_____

_____

F. ¿Dónde está . . .?   Para describir dónde está algo hay que saber las preposiciones. Observa el cuadro que se presenta a continuación. ¡Pobre Santiago no está bien despierto! Por favor, dile dónde están sus cosas.

1. la raqueta de tenis

_____

2. los zapatos

_____

3. el periódico

_____

4. la camisa

_____

5. los pantalones

_____

6. el abrigo

_____

7. el cuaderno

_____

8. los libros

_____

G. Más palabras útiles. Haz una lista de palabras que describen gente, cosas y lugares y compárala con las de otros dos compañeros. ¿Qué palabras puedes añadir a tu lista?

1. gente: _____

_____

_____

2. cosas: _____

_____

_____

3. lugares: _____

_____

_____

ENTRE NOSOTROS

memome

EXPRESIONES QUE SIRVEN PARA EXPLICAR QUE UNO NO SABE LA PALABRA	
Yo no sé qué es eso.	I don't know what that is.
No recuerdo la palabra, pero . . .	I don't remember the word, but . . .
No sé cómo se dice (llama), pero . . .	I don't know how you say (what it's called), but . . .
Debo (Puedo) describirlo.	I ought to (I can) describe it.
¿Me comprendes?	Do you understand me?
¿Sabes lo que quiero decir?	Do you know what I mean?

memome

H. Puedo describirlo.   ¿Cómo se describe cada una de estas cosas si no se sabe la palabra en español? Escribe una descripción para cada cosa, y luego compárala con las descripciones de otros dos compañeros. Escoge la mejor descripción del grupo para cada cosa, y luego busca la palabra en español en el diccionario.

1. *diving board*

    mi descripción: _____

    _____

    la mejor descripción: _____

    _____

    la(s) palabra(s) en español: _____

2. *contact lenses*

    mi descripción: _____

    _____

    la mejor descripción: _____

    _____

    la(s) palabra(s) en español: _____

3. *gift wrapped*

    mi descripción: _____

    _____

    la mejor descripción: _____

    _____

    la(s) palabra(s) en español: _____

4. *golf club*

    mi descripción: _____

    _____

    la mejor descripción: _____

    _____

    la(s) palabra(s) en español: _____

5. *scrambled eggs*

    mi descripción: _____

    _____

¿Puedes describir estas cosas?

la mejor descripción: _____

_____

la(s) palabra(s) en español: _____

6. *subway*

mi descripción: _____

_____

la mejor descripción: _____

_____

la(s) palabra(s) en español: _____

7. *ticket*

mi descripción: _____

_____

la mejor descripción: _____

_____

la(s) palabra(s) en español: _____

8. *to hitchhike*

mi descripción: _____

_____

la mejor descripción: _____

_____

la(s) palabra(s) en español: _____

9. *to daydream*

mi descripción: _____

_____

la mejor descripción: _____

_____

la(s) palabra(s) en español: _____

10. *to lose weight*

mi descripción: _____

_____

la mejor descripción: _____

_____

la(s) palabra(s) en español: _____

I. Juego. Todos tienen que entregar una cosa al (a la) profesor(a). (Los compañeros no deben ver qué es.) El (La) profesor(a) pondrá todas las cosas juntas en el escritorio. Para que cada estudiante consiga que le devuelvan la suya, tendrá que describirla a uno(a) de sus compañeros(as), sin decirle la palabra exacta. Este(a) compañero(a) irá al escritorio para recogerla y devolvérsela.

Modelo: Es alargado, de color amarillo. Es duro y liso.
Tiene un borrador, y lo uso para escribir. (un lapiz)

J. ¿Qué es? Todos deben pensar en una cosa o una persona en la clase. Los otros tratarán de adivinar qué es o quién es, haciendo preguntas que se puedan contestar con un sí o un no.

Modelo: ¿Es pequeño?, ¿Es verde?, ¿Está cerca de la puerta?, ¿Tiene el pelo rubio?

K. Mi cuarto. Formen grupos de dos estudiantes. Uno(a) describirá su cuarto mientras que su compañero(a) dibuja el cuarto exactamente como se lo describe. Luego, deben cambiar los papeles.

Modelo: Es un cuarto grande. La ventana está en la pared del norte.
La puerta está en la pared del sur. Tengo una cama pequeña. La cama
está a la derecha de la ventana, etc.

SITUACIONES

L. Juego de palabras. Formen grupos de dos parejas cada uno. El (La)
profesor(a) les dará cinco palabras diferentes a cada pareja. Una pareja le
dará a la otra una descripción de la palabra. La segunda pareja intentará
adivinar la palabra. Si no la adivina la primera vez, la primera pareja seguirá
describiéndola hasta que la otra pareja la acierte.

M. ¡Un problema! Estás viajando por un país de habla española disfrutando
de todo cuando de pronto te ocurre un desastre. Imagínate algo que pueda ocurrirle a
alguien durante un viaje a un país extranjero, y descríbelo a uno(a) de tus compañeros(as).
El (Ella) te aconsejará sobre lo que debes hacer.

ALGUNAS POSIBILIDADES:

- Alguien te ha robado los cheques de viajero.
- Se te ha perdido el pasaporte.
- Estás perdido(a), y no tienes dinero.
- Tu auto de alquiler se te para y no quiere arrancar.
- Te has puesto muy enfermo(a).
- Un policía cree que eres un(a) terrorista.

1. un resumen del desastre: _____

_____

_____

_____

_____

2. los consejos: _____

_____

_____

_____

_____

N. La lotería. Acabas de ganar diez millones de dólares en la lotería, y quieres una casa ideal. Describe la casa que quieres a un(a) compañero(a), que va a hacer el papel de un(a) famoso(a) arquitecto(a).

1. Deberán conversar sobre lo siguiente:
   - ¿Dónde quieres construir la casa?
   - ¿De qué quieres construirla?
   - ¿Cuántos cuartos quieres y con qué propósito?
   - ¿Qué deseas para cada cuarto en particular?
   - ¿Qué otras cosas piensas construir? ¿Una piscina? ¿Una cancha de tenis? ¿Un jardín interno?
   - ¿Qué tipo de árboles, arbustos y plantas quieres alrededor de la casa?
2. Después de decidir en conjunto cómo va a ser la casa, preparen un dibujo de ella.

O. De vacaciones. Imagínate que estás de vacaciones en algún sitio del mundo. Escribe diez oraciones descriptivas sobre el lugar dónde estás sin decir cómo se llama. Después, léelas una por una a tus compañeros. Ellos van a tratar de adivinar, después de cada oración, dónde estás.

1. _____
2. _____
3. _____
4. _____
5. _____
6. _____
7. _____
8. _____
9. _____
10. _____

FUERA DE CLASE

P. Pídele a alguien de un país de habla española que describa su país natal, la ciudad donde vivía de niño(a), el piso o la casa en que vivía y a su familia. Haz una grabación de la descripción, y tócala en clase.

Mientras escuchen la grabación, los estudiantes deberán escribir las semejanzas y las diferencias entre las varias descripciones.

Q. Formen grupos de tres o cuatro estudiantes. Preparen una lista de descripciones de diez cosas que se pueden traer a clase. Den una copia de su lista a otro de los grupos. Los estudiantes de este grupo deben buscar todas las cosas y traer las que encuentren a la próxima clase. En la próxima clase deberán comparar las descripciones de su lista con las cosas que ha traído el otro grupo. El grupo que traiga el mayor número de las cosas descritas gana.

Modelo: Es redonda. Es roja, amarilla o verde.
Tiene corteza. Es dulce y jugosa. (una manzana)

vocabulario palabras que quiero recordar

Capítulo 4

REQUESTING AND PROVIDING INFORMATION
"¿*Podría decirme cuál es su profesión?*"

PROFESIONES
Y
EMPLEOS

ESCUCHAR Y APRENDER
CONVERSACION 1

A. La grabación presenta una entrevista entre la directora de personal de una empresa y una persona interesada en un puesto de vendedor. Escucha la primera conversación, en la que el candidato entra en la oficina de la directora de personal y ella empieza a entrevistarlo. Anota las preguntas que la directora le hace.

_____

_____

_____

_____

_____

B. Escucha otra vez la primera conversación y anota la información siguiente sobre el candidato.

nombre: _____

apellido paterno: _____

apellido materno: _____

fecha de nacimiento: _____

nacionalidad: _____

estado civil: _____

dirección: _____

_____

_____

número de teléfono: _____

CONVERSACION 2

C. La directora de personal le hace preguntas al candidato sobre su preparación y experiencia y el candidato le pide información sobre la empresa. Escucha varias veces y escribe algunas de las expresiones que utilizaron para conseguir la información.

1. la directora de personal: _____

2. el candidato para el puesto: _____

_____

_____

_____

_____

PALABRAS A REPASAR

D. Palabras para describir un empleo.   Escribe varias palabras que te parezcan apropiadas para hablar de cada uno de los siguientes temas. Trata de llenar todos los espacios en blanco. Puedes comparar tus listas con las de tus compañeros y usar un diccionario.

profesiones _____   profesionales _____

_____   _____

_____   _____

_____   _____

_____   _____

idiomas _____   aptitudes _____

_____   _____

_____   _____

_____   _____

_____   _____

cualidades personales _____

_____   _____

_____   _____

_____   _____

_____   _____

E. ¿Qué prefieres?   ¿Qué condiciones de trabajo buscas o prefieres? Con un(a) compañero(a), haz una lista de las condiciones de trabajo que prefieras. Por ejemplo, buen sueldo, un mes de vacaciones por año, tiempo completo, trabajo por horas.

_____

_____

_____

_____

ENTRE NOSOTROS

EXPRESIONES QUE SE USAN PARA SOLICITAR INFORMACION

Díganos, ...	Tell us, ...
Otra pregunta: ...	Another question: ...
Quiero preguntar si ...	I want to ask if ...
Quisiera saber ...	I'd like to know ...
Y dígame, ...	And tell me, ...
Quiere decirnos, por favor ...	Do you want to tell us, please, ...
¿Cuál es su ...?	What is your ...?
¿Me puede decir (explicar) ...?	Can you tell me (explain to me) ...?

EXPRESIONES QUE SE USAN PARA DAR INFORMACION

Sí, es que ... trabajo (trabajé) ...	Yes, uh, I work (worked) ...
Con mucho gusto.	I'll be glad to.
Bueno, les tengo que decir ...	Well, I have to tell you ...
La verdad es que ...	The truth is ...
Permítame explicar ...	Let me explain ...
Yo opino (creo) que ...	I think that ...
Depende (de) ...	It depends (on) ...
Lo siento, pero no sé.	I'm sorry, but I don't know.
No tengo idea.	I have no idea.

memomemomemon

F. Mi trabajo.   ¿Tienes algún empleo o has trabajado anteriormente? Tus compañeros de clase van a hacerte preguntas sobre tu trabajo: las horas, el sueldo, las ventajas y desventajas, etc. ¿Les recomendarías tu trabajo? Hazles preguntas a ellos también. (Recuerda las expresiones que aprendiste para hacer preguntas, pedir aclaraciones e interrumpir.)

memor

EXPRESIONES QUE SE USAN PARA ENTRAR EN LA CONVERSACION	
Pero, miren, yo pienso que . . .	But, look, I think . . .
Oigan, es importante . . .	Listen, it's important . . .
Ustedes tienen razón, pero . . .	You're right, but . . .
Quiero decir algo.	I want to say something.
A mí me toca.	It's my turn.
A _____ le toca.	It's _____'s turn.

G. Un buen trabajo.   ¿Cómo se consigue un buen trabajo? En grupos, preparen ustedes una lista de las observaciones y recomendaciones que puedan serles beneficiosa cuando busquen un buen empleo. Después, comparen sus listas con las de otros grupos.

1. cómo averiguar cuáles son las ofertas de trabajo y las plazas vacantes que haya: _____

_____

_____

_____

2. cómo solicitar el puesto: _____

_____

_____

_____

3. cómo presentarse favorablemente en una entrevista: _____

_____

_____

_____

4. cómo mantener el puesto y no perderlo: _____

_____

_____

_____

H. Nuevas oportunidades de trabajo.   Con un(a) compañero(a), estudia las siguientes oportunidades de trabajo en la página 58 e inventa tres más.

1. Trabajos nuevos:

   a. _____

   b. _____

   c. _____

2. Hagan juntos una lista de las cualidades esenciales del (de la) candidato(a) ideal para cada posición.

   a. _____

COSEDORA DE PELOTAS DE BEISBOL

PARA UN GENIAL BATAZO, PELOTAS EL FLECHAZO

ESTRAIGUAN BALL CO.

DECORADOR DE DADOS

NUESTRO FUNDADOR

INVENTOR DE BROMAS

A. LENTES
B. NARIZ Y BIGOTE
C. CALVA
D. FLOR DE AGUA

B. OFFE Y CIA.

34

TABACOS BING BANG

PROBADOR DE CASCOS

EN CASO DE DUDAS, USE LA CABEZA

b. _____

_____

c. _____

_____

3. Luego, presenten sus listas inventadas a los otros miembros de la clase. Si quieren, pueden pedir solicitudes y escoger al (a la) mejor candidato(a) para cada uno de los trabajos.

SITUACIONES

I. Estoy calificado(a) . . . Estudia los siguientes anuncios clasificados. Escoge uno de los empleos ofrecidos y prepárate para explicar por qué crees que estás capacitado para ocupar ese puesto.

EMPRESA DE EXITO SOLICITA LOS SERVICIOS DE:

4 CABALLEROS
MAYORES DE 30 AÑOS.

Y 10 JOVENES MAYORES
De 18 años.

Los interesados deben ser personas con gran espíritu de superación y necesidad de buenos ingresos.
Concerte cita al . . .

TELEFONOS: 15-54-10, 26-49-88, 15-30-32.

SOLICITAMOS
CHOFER
Para contratación inmediata.

* Experiencia mínima 1 año.
* Conozca la ciudad.
* Licencia en regla.
* No mayor de 28 años.
* Estudios mínimos de primaria.

Presentarse con 2 fotografías y solicitud en: EULOGIO PARRA 1124-3, Sr. García.

Empresa Importante en el Ramo Comercial por Expansión Solicita:

CONTRALOR

CONTADOR PUBLICO

Experiencia deseable en el manejo de tiendas departamentales.

Conocimientos amplios en presupuestos, sistemas, contabilidad en general, aspectos financieros, información financiera, sistemas a detallistas.

. . . culino.

. . . s.

. . . actuales no menores de . . . mensuales o $500,000.00

. . . entación, don de mando, faci-. . . abra, dinámico.

. . . s enviar Currículum Vitae con . . . nes al Apartado Postal 750 de . . . ajara, Jalisco, At'n. Lic. Villalvazo.

SOLICITAMOS SECRETARIA MECANOGRAFA PARA CONTRATACION INMEDIATA

* Experiencia mínima de 1 año.
* Buena presentación.
* Conocimiento básicos de contabilidad.
* No mayor de 28 años.

Presentarse con solicitud elaborada: Eulogio Parra No. 1124-5, Sr. García.

SOLICITO . . . ONA
TRABAJE EN TELEGRAFOS
TENGA SU PROPIA
MOTOCICLETA

Y desee incrementar sustancialmente sus ingresos en sus horas desocupadas.
Ocurrir a Avenida del Sur 2431, horario de 2:30 a . . . P. M.

¿ESTA DESEMPLEADO?

Importante Empresa en expansión ofrece 8 va-cantes a personal masculino.

OFRECEMOS:
Trabajo de planta.
Magníficos ingresos.
Todas las prestaciones de Ley.
Magnífico ambiente de trabajo.
Oportunidad de ascensos a puestos claves

REQUISITOS:
Mayores de 22 años
Mínimo secundari . . .
Casados.
Tiempo completo.
. . . icamente con docu . . .
. . . O MORENO No. 1108 . . .
. . . 2.00 A.M. y de las 1 . . .
. . . Hr . . .

Empresa Importante
Solicita:

TECNICO EN ELECTRONICA

REQUISITOS:
1.— Experiencia de 3 años en reparación de equipo electrónico.
2.— Edad: 20 a 25 años.
3.— Estado civil: Casado.

OFRECEMOS:
1.— Buen sueldo.
2.— Prestaciones de Ley.
3.— Capacitación y desarrollo.

Interesados presentarse co . . . cud formulada y fotografía . . . en Av. Tolsá 1024, Sector Juárez.

18 Empleos Comerciales e Industriales Solicitudes

A $3,000.00 recamarera sale diaria, descansa sábados tarde y domingo 21-41-06 San Gabriel 551 Chapalita.

AMERICANOS solicitan cocinera $6,000.00 y 2 recamareras Herrera y Cairo 548.

BUSCO sirvienta con recomendación, indispensable quedarse a dormir, 33 - . . .

19 Empleos Domésticos Ofertas

SOLICITO muchacha poco trabajo quedarse dormir. Cosmos 2707, Jardines del Bosque o inf. mes Sra. López. Tel 21-83-16.

SOLICITO muchacha con ganas de trabajar para trabajo lonchería. López Cotilla 537-A

SOLICITO muchacha recamarera y cocina con referencias indispensable quedarse a dormir, sueldo $5,000.00 Tel: 21-08-78 Av. Chapalita 1010.

EMPRESA LIDER EN SU RAMO SOLICITA:

JEFE DE MANTENIMIENTO

Con experiencia en ajustes de todo tipo de maquinaria, conocimientos de máquinas de corte y maquinaria en general.

OFRECEMOS:
★ Sueldo abierto según aptitudes.

Interesados presentarse en Calle PLATANO No. 1444, esquina con Pino, cerca del Mercado de Abastos.

SOLICITO MUCHACHA, TRABAJO FACIL DE CASA, QUEDARSE O SALIR. MARIANO BAR. CENA? No. 98.

Presenta tu solicitud a un equipo formado por tus compañeros de clase. Si otro(a) estudiante ha escogido el mismo trabajo, explica por qué tú estás mejor capacitado(a) que él (ella). El equipo entrevistador te hará preguntas y comentarios.

ejemplos:
Si quieres, puedes usar estas expresiones.

Ofrezco mi candidatura para el puesto de . . .
Me he preparado bien . . .

J. Los «Seis C».   Según algunos expertos, hay seis tipos vocacionales, los «Seis C». En grupos de tres estudiantes, lean las seis categorías; luego, clasifiquen a cada uno de los trabajos que se encuentran a continuación.

C-1: Comerciante, tiene tendencias hacia las actividades de venta, supervisión y transaccion comercial.

C-2: Concreto, con tendencias hacia el manejo concreto y práctico de elementos y circunstancias, la objetividad, el realismo y el trabajo manual.

C-3: Conformista, prefiere hacer lo que la sociedad prescribe; es conservador y sociable; se viste de acuerdo con lo establecido.

C-4: Cooperativo, tiende a asumir actividades que demuestran su interés por los demás; sociable, eficiente y responsable.

C-5: Creativo, tiende a guiarse por la emoción, los sentimientos y la imaginación; introspectivo pero sociable; impulsivo y expresivo.

C-6: Curioso, con tendencia al empleo de la inteligencia para resolver los problemas de la vida mediante el análisis lógico y el manejo de las ideas.

(Adapted from: *Cómo descubrir tu vocación*, Francisco d'Egremy A., Anaya Editores, S.A., Editora Mexicana de Periódicos, Libros y Revista, S.A., pp. 92-97.)

mecánico(a) _____   biólogo(a) _____

administrador(a) _____   banquero(a) _____

contador(a) _____   fotógrafo(a) _____

peluquero(a) _____   filósofo(a) _____

músico(a) _____   licenciado(a) en mercadotécnica _____

Comparen sus clasificaciones con las de los otros estudiantes.

K. La selección de una carrera.   Ahora, con un(a) compañero(a), haz el papel de un(a) estudiante que no sabe qué carrera debe seguir y el otro el papel de un(a) consejero(a) universitario(a) que te hace preguntas para orientarte. Para prepararse, hagan ambos una lista de preguntas apropiadas.

_____

_____

_____

_____

_____

_____

El (la) consejero(a) puede tomar apuntes durante la entrevista y consultar con el (la) estudiante para hacer una recomendación.

_____

_____

_____

_____

_____

_____

L. El juego de las profesiones.   Tu profesor(a) fijará en la espalda de cada estudiante el nombre de una profesión. No puedes ver tu propia etiqueta; por medio de preguntas que puedan ser contestadas con un **sí** o un **no**, trata de averiguar tu profesión. Levántate de tu silla y hazles preguntas a varios estudiantes.

ejemplos:
Si quieres, puedes usar estas preguntas y expresiones.

Perdón, ¿puedes decirme . . . ?

¿Soy muy . . . ?

¿Trabajo en . . . ?

¿Viajo (. . .) mucho?

No sé, no sé nada de esa profesión.

Lo siento, pero no puedo ayudarte.

¡Acerté! Soy . . .

M. Solicitando un puesto.

1. Llena el formulario en las páginas 62 y 63 con tus propios datos. (Es mejor leer todo y planear tus respuestas antes de empezar a escribir.)

2. Cuando todos hayan llenado el formulario, formen grupos de tres o cuatro estudiantes. Cada grupo determina un puesto vacante imaginario, recibe las solicitudes de otro grupo y las considera cuidadosamente para el puesto. Escojan los dos candidatos mejor capacitados.

ejemplos:
Si quieres, puedes usar estas preguntas y expresiones.

¿Cuál de los candidatos te parece mejor?

Este tiene más . . . que ése.

Este escribe mejor.

SOLICITUD DE EMPLEO

DATOS PERSONALES

APELLIDOS: 1º _____ 2º _____

NOMBRE _____ NACIONALIDAD: _____

FECHA DE NACIMIENTO: _____ LUGAR DE NACIMIENTO: _____

SEXO: _____ ESTADO CIVIL: _____ Nº HIJOS: _____

NOMBRE DEL PADRE: _____ NOMBRE DE LA MADRE: _____

NOMBRE Y APELLIDOS DEL CONYUGE: _____

NACIONALIDAD DEL CONYUGE: _____

DOMICILIO: calle _____

localidad _____ TELEFONO: _____

D.N.I. o Pasaporte nº _____ Expedido en _____ el _____ de _____

Permiso de Residencia nº _____ Expedido en _____ el _____ por cuenta (1) _____

Nº de Afiliación a la Seguridad Social _____ Situación presente (2) _____

Profesión habitual: _____

ESTUDIOS: Por favor, rellene todos los datos requeridos con el mayor detalle posible.

Estudios realizados	Fechas Desde Hasta	Nº de cursos académicos	Nombre del Centro	Título o Diploma

IDIOMAS: Indicar según proceda, NO - NOCIONES - REGULAR - BIEN - MUY BIEN.

IDIOMAS	HABLA	LEE	TRADUCE	ENTIENDE HABLADO	GRAMATICA	REDACCION PROPIA	TAQUI.	MECA.	SECRET.	INTERP.

EXPERIENCIA   Empresas en que haya trabajado lo más recientemente comenzando por la última.

Empresa: _____   Teléfono: _____

Domicilio de la Empresa: _____

Trabajó desde: _____ hasta _____ Categoria _____

Descripción del puesto que desempeñaba _____

_____

Motivo del abandono del puesto _____ Ultima retribución _____

Empresa: _____   Teléfono: _____

Domicilio de la Empresa: _____

Trabajó desde: _____ hasta _____ Categoria _____

Descripción del puesto que desempeñaba _____

_____

Motivo del abandono del puesto _____ Ultima retribución _____

REFERENCIAS   (De Compañías o personas conocidas profesionalmente).

NOMBRE	DOMICILIO Y TELEFONO

3. Después de escoger los dos candidatos mejor capacitados, entrevístenlos. Hagan una lista de las preguntas que deben hacerles.

_____

_____

_____

_____

_____

_____

_____

_____

_____

_____

_____

4. Ahora, reúnanse para discutir a los candidatos y votar. Expliquen a la clase por qué han escogido al seleccionado.

N. Estudia un periódico de una ciudad grande y haz una lista de los puestos para los cuales piden que se tenga conocimientos del español o de otro idioma. La biblioteca de la universidad suele tener muchos periódicos de las principales ciudades del mundo. Prepara un informe sobre el tema para la clase.

apuntes—ciudad, periódico, empleo, idioma(s): _____

_____

_____

_____

_____

_____

_____

O. Llama por teléfono a las oficinas de tres compañías o agencias del gobierno para averiguar qué oportunidades de trabajo hay en los países de habla española. También puedes llamar a empresas y bancos y preguntarles si tienen negocios internacionales o puedes llamar al Cuerpo de Paz o al consulado de algún país hispano.

1. preguntas: _____

_____

_____

_____

_____

_____

2. respuestas traducidas al español: _____

_____

_____

_____

_____

_____

3. En clase preparen un resumen de los resultados de las llamadas.

P. Pregúntale a una persona de habla española (a) cuáles son las actitudes en su país en cuanto al trabajo, especialmente entre los jóvenes colegiales y universitarios; (b) cuáles son las profesiones más comunes y las preferidas en su país; (c) cualquier otra pregunta que tú quisieras añadir.

ejemplos:
Si quieres, puedes usar estas preguntas y expresiones.

Por favor, quisiera hacerle unas preguntas para mi clase de español.
　¿Podría preguntarle . . . ?
¿Le importaría explicarme . . . ?

Otras expresiones aprendidas en los Capítulos 1, 2 y 3:

_____

_____

_____

_____

Respuestas a las preguntas

1. ¿Trabajan los jóvenes? _____

_____

_____

2. Profesiones preferidas: _____

_____

_____

3. Otra información: _____

_____

_____

4. ¿Qué expresiones interesantes utilizó la persona entrevistada para contestar tus preguntas, pedir aclaraciones o despedirse? _____

_____

_____

vocabulario palabras que quiero recordar

Capítulo 5

PLANNING AND ORGANIZING

"*Primero tenemos que decidir . . .*"

LOS VIAJES

ESCUCHAR Y APRENDER
CONVERSACION 1

A. Tres personas planean un viaje a Sudamérica. Tendrán dos semanas y quieren ver todo lo que sea posible. Escucha la grabación y marca con un círculo en el mapa los países, las ciudades y las otras atracciones que quieren visitar los tres jóvenes.

B. Ahora escucha otra vez la conversación y toma apuntes sobre las expresiones que usan para discutir los planes.

_____

_____

_____

CONVERSACION 2

C. Las mismas personas discuten los preparativos que tienen que hacer para sus vacaciones. Escucha la conversación y escribe lo que van a hacer.

_____

_____

_____

D. Ahora, escucha otra vez y escribe las expresiones que han usado para hacer los planes.

_____

_____

_____

PALABRAS A REPASAR

E. Juego en cadena. Siéntense todos formando un círculo. El (la) profesor(a) les dirá una de las siguientes palabras e indicará a un(a) estudiante, que diga cualquier palabra que asocie con la primera palabra. El (la) segundo(a) estudiante dirá una palabra que asocie con la palabra del (de la) primer(a) estudiante, etc. Mientras todos van diciendo sus palabras, una por una, otro(a) estudiante las escribe en la pizarra. Escribe las palabras principales que creas que puedas necesitar para hablar de las vacaciones. Al terminar, conversen sobre la relación entre la primera palabra y la última.

actividades _____   transporte _____

_____   _____

_____   _____

_____   _____

_____   _____

hospedaje _____   restaurantes _____

_____   _____

_____   _____

_____   _____

_____   _____

sitios interesantes _____   ropa y otro equipo necesario

_____   _____
_____   _____
_____   _____
_____   _____

F. Juego de la madeja de lana.   Piensa en algo que hiciste alguna vez durante tus vacaciones—algo que puedas contar en una sola frase. En este juego un(a) estudiante toma la madeja, cuenta algo que hizo en alguna de sus vacaciones y tira la madeja a otro(a) compañero(a), manteniendo siempre el extremo del hilo. Cada estudiante, al recibir la madeja, agarra el hilo, dice su frase y tira la pelota a otro, hasta que todos hayan hablado—¡y estén bien enredados! Al final, puedes pedirles más información a los que hayan dicho algo muy interesante.

Anota lo que dicen cinco compañeros.

1. _____
2. _____
3. _____
4. _____
5. _____

G. Preparaciones.   ¿Qué hay que comprar, preparar, etc., para hacer un viaje? Con un(a) compañero(a), haz una lista de preparativos.

Modelos: arreglar la cámara y comprar rollos de película
conseguir seguros de viaje

_____
_____
_____
_____
_____

H. Descripciones.   ¿Qué palabras puedes usar para describir un lugar que hayas visitado alguna vez? Escoge un lugar y haz una lista del vocabulario que te servirá para describirlo. Compárala con las de otros tres estudiantes. Añade a tu lista palabras apropiadas de las listas de tus compañeros.
Modelo:

Perú: bello   montañoso

_____   _____
_____   _____
_____   _____
_____   _____

memomemomom

EXPRESIONES QUE SE USAN PARA PLANEAR UN VIAJE

Bueno, ¿por dónde comenzamos?	OK, where shall we begin?
Primero tenemos que . . .	First we have to . . .
¿Vamos a . . . ?	Shall we go to . . . ?
Propongo que vayamos a . . .	I propose we go to . . .
No, yo prefiero . . .	No, I prefer . . .
¿Por qué quieres . . . ?	Why do you want . . . ?
. . . está más cerca.	. . . is closer.
¡Pero es (está) demasiado . . . !	But it's too . . . !
¿Te interesa . . . ?	Are you interested in . . . ?
¿Qué te parece . . . ?	What do you think of . . . ?
¿Te gusta mi idea?	Do you like my idea?
¡Qué buena idea!	What a good idea!
Eso (no) me gusta mucho.	I (don't) like that a lot.
¿A qué hora salimos de (llegamos a) . . . ?	What time do we leave (arrive at) . . . ?

I. Las vacaciones ideales.   Con un(a) compañero(a), planea las vacaciones ideales. ¿Adónde irán? ¿Con quién? ¿Qué harán? ¿Cómo van a viajar? ¿Cuánto tiempo pasarán en cada lugar? ¿Dónde se alojarán?

lugares _____   fechas _____   medios de transporte

_____   _____   _____

_____   _____   _____

_____   _____   _____

_____   _____   _____

actividades _____   hospedaje _____

_____   _____

_____   _____

_____   _____

_____   _____

EXPRESIONES QUE SE USAN PARA DESCRIBIR Y EXPLICAR.

Soy yo.	That's me.
A mi lado está . . .	At my side is . . .
Este (Esta) es . . .	This is . . .
Estos (Esos) son . . .	These (Those) are . . .
¿Pueden ver los . . . ?	Can you see the . . . ?
La ciudad es muy grande . . .	The city is very large . . .
Es muy verde, porque llueve mucho.	It is very green, because it rains a lot.
Fue muy divertido (aburrido/ interesante).	It was a lot of fun (boring/ interesting).

EXPRESIONES QUE SE USAN PARA ACONSEJAR

Hay que . . .	One must . . .
Es necesario . . .	It is necessary . . .
No te olvides de *(+ inf)*	Don't forget to . . .
No te olvides que *(+ clause)*	Don't forget that . . .
También es buena idea llevar . . .	Also, it's a good idea to take . . .
No lleven . . .	Don't take . . .
Recomiendo que *(+ subjunctive)*	I recommend that . . .

J. Un lugar agradable. Piensa en el mismo lugar que escogiste para el ejercicio **H** y prepárate para describirlo bien. En un grupo de cuatro o cinco estudiantes, describe el lugar y aconseja a los otros sobre lo que deben hacer si desean viajar al mismo lugar. Trae a la clase unas tarjetas postales, fotografías o diapositivas. Muéstralas a la clase, explicando las escenas y las actividades e impresiones que tuviste allí.

1. apuntes para tu descripción: _____

_____

_____

_____

_____

2. consejos para los otros: _____

_____

_____

_____

_____

_____

K. ¿Eres un(a) buen(a) viajero(a)? Toma el siguiente examen. Las preguntas fueron formuladas a base de entrevistas con docenas de agentes de viajes, oficiales y guías de turismo, que señalaron las cualidades de los buenos viajeros. Si no has viajado a otro país, contesta según como creas que reaccionarías.

Sí o No

1. ¿Tienes miedo de viajar solo(a)? _____

2. ¿Te enojas cuando estás en un hotel que no tiene agua caliente, papel higiénico ni otras cosas a las que estás acostumbrado(a) en casa? _____

3. ¿Tratas de conocer las costumbres e historia de un país antes de visitarlo? _____

4. ¿Tiendes a unirte a algún (alguna) compañero(a) de viaje? _____

5. ¿Tiendes a discutir si piensas que te están cobrando de más, o esperan que des una propina? _____

6. ¿Tratas de hablar el idioma local? _____

7. ¿Te alejas de los lugares más frecuentados por los turistas? _____

8. Cuando regresas a casa, ¿encuentras tu equipaje repleto de ropa que nunca usaste durante el viaje? _____

9. ¿Haces esperar a tus compañeros de viaje mientras tomas fotografías? _____

10. ¿Te molesta probar platos nuevos o diferentes? _____

11. ¿Llevas siempre un pequeño botiquín de primeros auxilios pensando que puede ocurrir una emergencia? _____

12. ¿Estás obsesionado(a) por la posibilidad de perder tus joyas o dinero durante el viaje? _____

13. ¿Protestas en voz alta si no te agrada el restaurante, motel, posada u hotel? _____

14. ¿Tratas de imitar a los nativos de los países que visitas, en cuanto a las costumbres y el modo de vestir? _____

15. Cuando estás de viaje, ¿te preocupas por lo que estará sucediendo en casa? _____

RESPUESTAS

Tus respuestas deben ser **No** a todas las preguntas excepto 3, 6, 7 y 11.

PUNTUACION

12 a 15 correctas: El mundo es tuyo. Eres un(a) viajero(a) nato(a) que disfruta de todas las nuevas experiencias y, lo que es más, eres un(a) buen(a) embajador(a) de tu país o comunidad. Eres admirado(a) y bien recibido(a) tanto por las personas locales como por tus compañeros de viaje.

8 a 11 correctas: Eres un(a) viajero(a) muy bueno(a), pero a veces eres demasiado egoísta y te preocupas mucho por divertirte a tu gusto.

4 a 7 correctas: Serás más feliz si viajas en grupo con un guía. Selecciona viajes que te lleven a lugares parecidos a tu país natal. Trata de analizar tus problemas de viaje. Pierdes muchas experiencias valiosas porque no sabes disfrutar de todo lo que los otros países te pueden ofrecer.

1 a 3 correctas: ¡Quédate en casa!

(Adapted from pp. 128-130 of *Tests para conocer a los demás*, by Jane Serrod Singer, Editores Asociados Méxicanos, S.A. (Edamex), Angel Urraza 1322, México 12, D.F.)

Con un(a) compañero(a), estudia la puntuación y juntos comparen sus respuestas. Tomen una decisión: ¿Pueden viajar juntos, o son demasiado distintos?

> ejemplos:
> Si quieres, puedes usar estas preguntas y expresiones.
>
> **A mí me parece que . . .**
> **Somos muy diferentes.**
> **Yo debo viajar con un grupo. ¿Qué prefieres tú?**
> **Es mejor (no) hacer eso porque . . .**
> **Tengo otra opinión.**

Ahora, con todos tus compañeros, discutan las cualidades de un buen turista.

SITUACIONES

L. ¡Adonde fueres, haz lo que vieres!   Este refrán es tan antiguo que lleva una forma gramatical que pasó de uso hace siglos—el futuro del subjuntivo. ¿Dice la verdad? ¿Debemos hacer todo lo que vemos? Si observas cuidadosamente todo lo que ves en otros países, notarás costumbres que para ti son nuevas y aún muy extrañas. Con un(a) compañero(a) de clase, estudia los dibujos en la página 75 de actividades hispanas, a ver si alguno de ustedes se fija en detalles que le parezcan distintos de las costumbres de ustedes. Descríbanlos.

ACONCAGUA PARA TURISTAS

La compañía **Controles Operativos de Mendoza** *organiza dos excursiones para turistas, en las que se asciende hasta los cinco mil metros sobre el nivel del mar, aproximadamente.*
EXCURSION CABALGATA ANDINA.
Duración: *tres días.*
Precio por persona: 230 dólares. Sale de Mendoza para llegar al refugio Cruz de caña. Ascensión en caballo por la Cañada de los penitentes; después, es el mismo que el de la excursión anterior, sólo que con mayor tiempo de estancia en la montaña. Regreso al refugio. Para mayor información, dirigirse a la **Hostería de los penitentes** *o con el señor Fernando Grajales en la calle José F. Moreno 898, 6º B. Mendoza.*
EXCURSION CABALGATA ANDINA.
Duración: *seis días.*
Precio por persona: 470 dólares. Parte de Buenos Aires a Mendoza, en avión. El recorrido, después, es el mismo que el de la excursión anterior, sólo que con mayor tiempo de estancia en la montaña. Informes en **Controles Operativos de Mendoza,** *calle Tucumán 944, 3º E, Buenos Aires.*

EQUIPO NECESARIO
Aunque dichas excursiones son organizadas para turistas, no para alpinistas experimentados, es necesario llevar consigo el siguiente equipo:
Un par de zapatos o zapatillas cómodos
Un juego de ropa interior abrigadora
Pijama (ropa para dormir)
Un pullover
Un par de guantes para la nieve
Un cuchillo pequeño o cortaplumas
Elementos de higiene personal
Dos pares de medias de lana
Un pantalón de tela fuerte y abrigadora
Una camisa de lana o polera
Un saco tipo anorak
Un par de anteojos para el sol
Un tubo de crema antisolar

Ahora, junto con otros dos estudiantes, conversen sobre los siguientes temas. (1) De todos los detalles que han notado, ¿cuáles deberían imitar para llevarse bien con los demás en otro país? (2) ¿Cuáles no necesitan imitar, sino aceptar?

M. ¡A planear un tour! ¡Has ganado un viaje en el Concurso de la Amistad Internacional! Primero, estudia las siguientes descripciones y decide a qué lugar prefieres ir. (Tiene que ser uno de los dos, pero todos los gastos son pagados; tú no pagas nada.)

EL ACONCAGUA

Si te gusta escalar montañas, te gustará el viaje al Aconcagua, una montaña que se encuentra en la provincia argentina de Mendoza. Este coloso, cuya cima llega a más de siete mil metros sobre el nivel del mar, fue bautizado por los Incas con el nombre de «Centinela de piedra». Escalar este pico es un verdadero desafío. Si eres aventurero(a), estudiarás la siguiente información y planearás un viaje al Aconcagua, desde la ciudad de México.

COMO LLEGAR AL ACONCAGUA

Se ha apuntado que el Aconcagua está en la provincia argentina de Mendoza, en la parte oeste del país; sin embargo conviene saber que Santiago de Chile, la capital de Chile, está tan sólo a cincuenta kilómetros de distancia del pico. No obstante, hay que recordar que para subir a la montaña es necesario obtener el pase médico y el de la revisión de equipo que se efectúa en la gendarmería de aquella provincia; sea que usted llegue de Buenos Aires o de la capital del vecino país.

A continuación se detallan los vuelos que desde México, Colombia y España llegan tanto a Buenos Aires y Mendoza, como a Santiago de Chile. Si lo prefiere, puede alquilar un coche en Buenos Aires por 170 dólares a la semana (Fiat 600) más 30 centavos

de dólar cada kilómetro; o en Chile por 150 dólares a la semana (Peugeot 504) más 25 centavos por kilómetro recorrido.

La compañía arrendadora es **AVIS** *y las direcciones en donde ofrece sus autos son: Argentina, avenida Corrientes 1302, piso 6, teléfono 40 0860 y 45 9133. Buenos Aires. Chile; Hotel Sheraton, avenida Sta. María 1742, teléfono 74 7621. Santiago de Chile.*

SALE DE:	A LAS:	LLEGA A:	A LAS:	COSTO DEL PASAJE**	HAY VUELOS LOS DIAS	LINEAS AEREAS
Buenos Aires	12:30	Mendoza	14:55	250 dólares.	Sábado y domingo.	Aerolíneas Argentinas.
Buenos Aires	12:30	Mendoza	15:05	250 dólares.	Lunes, miércoles y viernes.	Aerolíneas Argentinas.
México	06:40	Buenos Aires	20:25	1 300 dólares.	Martes y jueves.	Aerolíneas Argentinas.
México	17:30	Buenos Aires	07:05*	1 300 dólares.	Sábados.	Aerolíneas Argentinas.
Madrid	23:40	Buenos Aires	09:05*	1 500 dólares.	Viernes, sábado y domingo.	Aerolíneas Argentinas.
Madrid	23:30	Buenos Aires	09:15*	1 500 dólares.	Martes.	Iberia.
Bogotá	14:25	Buenos Aires	23:55	1 000 dólares.	Miércoles y sábado.	Aerolíneas Argentinas.
Bogotá	09:40	Buenos Aires	20:45	1 000 dólares.	Viernes, sábado y domingo.	Avianca.
Madrid	00:05	Santiago de Chile	13:10	1 700 dólares.	Lunes.	Iberia.
México	02:45	Santiago de Chile	17:15	1 200 dólares.	Sábado y domingo.	Avianca.
México	23:55	Santiago de Chile	15:30*	1 200 dólares.	Lunes.	Avianca.

* *Hora del día siguiente. (Las horas de salida y llegada de los vuelos se indican en tiempos locales).*
***Clase económica, boleto de ida y vuelta. (Los precios pueden variar con las fluctuaciones de las monedas de cada país).*

DONDE HOSPEDARSE EN MENDOZA Y PRECIOS DEL ALOJAMIENTO

Hostería Puente del Inca. *Ruta número 7, Puente del inca, Mendoza. Habitación por persona: 35 dólares diarios. Para información previa debe comunicarse al* **Plaza Hotel,** *teléfono 23 3000, en Mendoza.*

Hostería Los Penitentes. *Ruta número 7,*

Km 151; Las Heras, Mendoza. Habitación por persona: 40 dólares diarios.

Para mayor información referente a hosterías, refugios y rutas, puede dirigirse a la **Asociación Mendocina de Montaña,** *en la calle Barcelá número 249, Mendoza.*

GUAYMAS, MEXICO

Si te gustan las playas y las actividades que se llevan a cabo en el mar, escogerás este viaje a la costa del Mar de Cortés, en México. Aquí se puede acampar o alquilar un buen cuarto en un hotel. Se puede pescar, sobre todo, y hay oportunidades de alquilar botes y equipo; o puedes bucear o practicar deportes como el esquí acuático, la vela, el remo, la natación, el tiro, la cacería, el tenis, el golf o el béisbol. Si prefieres, puedes acostarte bajo el sol todo el día, en una de las muchas y variadas playas y salir de noche a cenar y bailar. También hay varias tiendas de artesanías como joyería en oro, sombreros de palma, máscaras de madera pintadas y figuras de animales talladas en "palo de hierro" *(ironwood)*.
¿Te ayuda la información de la página 77?

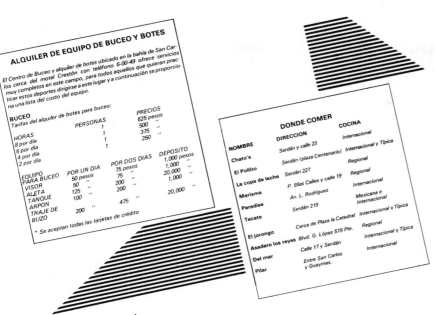

ALQUILER DE EQUIPO DE BUCEO Y BOTES

El Centro de Buceo y alquiler de botes ubicado en la bahía de San Carlos cerca del motel Crestón con teléfono 6-00-49 ofrece servicios muy completos en este campo, para todos aquellos que quieran practicar estos deportes dirigirse a este lugar y a continuación se proporciona una lista del costo del equipo.

BUCEO
Tarifas del alquiler de botes para buceo:

	PERSONAS	PRECIOS
	1	625 pesos
HORAS	1	500 "
8 por día	1	375 "
6 por día	1	250 "
4 por día		
2 por día		

EQUIPO PARA BUCEO	POR UN DIA	POR DOS DIAS	DEPOSITO
VISOR	50 pesos	75 pesos	1,000 pesos
ALETA	50 "	75 "	1,000 "
TANQUE	125 "	200 "	20,000 "
ARPON	100 "	200 "	1,000 "
TRAJE DE BUZO	200 "	475 "	20,000 "

* Se aceptan todas las tarjetas de crédito

DONDE COMER

NOMBRE	DIRECCION	COCINA
Chato's	Serdán y calle 23	Internacional
El Pollito	Serdán (plaza Centenario)	Internacional y Típica
La copa de leche	Serdán 227	Regional
Marisma	P. Elías Calles y calle 19	Regional
Paradise	Av. L. Rodríguez	Internacional
Tecate	Serdán 219	Mexicana e Internacional
El jorongo	Cerca de Plaza la Catedral	Internacional y Típica
Asadero los reyes	Blvd. G. López 519 Pte.	Regional
Del mar	Calle 17 y Serdán	Internacional y Típica
Pilar	Entre San Carlos y Guaymas.	Internacional

PARA ALOJARSE MEJOR

NOMBRE	DIRECCION	TELEFONO	CATEGORIA
Posada de San Carlos	Bahía de San Carlos		Alta
Miramar	Bahía de Bacochibampo	2-00-36	"
Playa de Cortés	Bahía de Bacochibampo	2-01-21	"
Posada Triana	C. San Carlos km. 8	2-24-14	"
Crestón	C. a San Carlos	2-01-11	"
Armida	Calzada García López	2-30-50 y 2-05-18	Moderado
Flamingos	Carretera Internacional Col. Loma Linda	2-09-90	"
Guadalajar	C. Internacional km. 1938	2-02-52	"
Guaymas Inn	C. Internacional km. 1985		"
Las Playitas	C. al Varadero Nal.		"
Malibu	C. Internacional. Apdo. 57	2-22-44	"
Loma linda	C. Internacional km. 1983		sencillo
Rubí	Paseo Obregón y calle 29	1-69 y 5-81	"

1. Prefiero ir a _____

2. Habla con tus compañeros de clase para que se pongan de acuerdo los que quieren ir al mismo lugar. Formen dos grupos y elijan un líder. Planeen su viaje juntos.

3. Llena el siguiente formulario con tu plan.

PLAN DE VIAJE

DIA	HOTEL	2 ACTIVIDADES	RESTAURANTE(S)
lunes			
martes			
miércoles			
jueves			
viernes			
sábado			
domingo			

4. Expliquen su plan a los estudiantes que escogieron el otro lugar. ¡Si los pueden convencer que los deben acompañar a ustedes, recibirán un descuento del 20 por ciento de los costos de otro viaje a cualquier parte del mundo!

N. El itinerario.   Una estudiante española va a llegar mañana a pasar una semana contigo y con un(a) compañero(a). Es una muchacha alegre que quiere conocer todo lo que sea posible. Hagan un plan para que ella conozca bien la ciudad y sus alrededores y para que disfrute de una visita agradable. ¿Adónde la llevarán? ¿Cómo viajarán? ¿Cuál será el itinerario? ¿Dónde y qué comerán? Luego, comparen su plan con los de otros dos estudiantes.

ejemplos:
Si quieres, puedes usar estas expresiones.

Es imprescindible que vea . . .
Yo quisiera llevarla . . .
Creo que debe conocer . . .
Vamos a llevarla a . . .
No, el otro . . . es mejor porque . . .
¡Pero está demasiado . . . !

FUERA DE CLASE

O. Escoge un país que te gustaría visitar y busca la información que te gustaría saber si planearas un viaje a ese país. Puedes encontrar información en las bibliotecas y las agencias de viajes o puedes entrevistar a alguien que haya visitado ese país recientemente. Trata de conseguir materiales—fotografías, carteles, mapas, tablas de información, artesanías, etc. Luego, prepara una presentación para la clase sobre el país.

1. país: _____

2. fuentes de información: _____

_____

_____

3. apuntes: _____

_____

_____

_____

_____

_____

_____

4. materiales: _____

_____

_____

P. Inviten a la clase a alguna persona que haya visitado un país hispano, a que les hable y muestre fotos, diapositivas, etc. Escojan bien, para que la persona sea alguien que hable bien el español. Pídanle que les dé consejos por si quisieran hacer un viaje algún día al mismo lugar. Tomen apuntes sobre lo que dice, incluyendo las expresiones que usa para describir, explicar y aconsejar.

_____

_____

_____

_____

_____

_____

_____

_____

_____

vocabulario palabras que quiero recordar

RECOUNTING EVENTS, LISTENING TO ANECDOTES

"*Érase una vez . . .*"

LA
FAMILIA

ESCUCHAR Y APRENDER
CONVERSACION 1

A. ¿Cómo contamos historias y anécdotas y cómo ayudamos a nuestros amigos cuando quieren contarnos algo que les ha pasado? En la primera conversación, dos personas cuentan algo que hicieron alguna vez. La primera usa el tiempo presente para contar algo que les pasó a ella y a su hermanito hace mucho tiempo, cuando su papá les compró disfraces de Batman y Robin. (En inglés también usamos el tiempo presente para relatar historias.) Escucha la primera anécdota y llena los espacios en blanco:

Te voy a contar algo _____. _____ que un día papá

decide regalarnos los _____ de Batman y Robin. Entonces, mi hermano,

como es el _____, él es _____ y yo soy la _____

_____, entonces, yo soy _____.

Bueno, _____ despúes, decidimos que Batman y Robin _____

_____. Y nos subimos al _____. Nos tomamos

de las manos y decimos, "Batman y Robin _____"

y brincamos del tejado abajo, desde el _____.

Y en esas, _____ llega.

Y nos ve. No, pues, que nos ve en _____ todos llenos de _____

_____ de las rosas de mi mamá. Bueno, nos castigaron _____

_____ y mi papá no se aguantó con nosotros y _____

_____ otra vez.

B. Ahora vuelve a escuchar la grabación y anota las expresiones que ha usado la mujer para contar la historia y para mantener el interés, y lo que ha dicho el amigo al reaccionar.

1. Expresiones para comenzar la historia:

_____

2. Expresiones para añadir algo:

_____

3. Expresiones para llamar la atención:

_____

_____

4. Expresiones para demostrar interés:

_____

_____

_____

CONVERSACION 2

C. La segunda persona cuenta una historia en el pasado, en la que usa el pretérito, el imperfecto y el presente de los verbos. Escucha lo que le pasó una vez a su familia en un restaurante y escribe tres listas: En una lista, escribe los verbos que describen la situación (imperfecto); en la segunda, los que mencionan una acción que empezó o terminó (pretérito); y en la tercera, los que deja en presente.

1. *Imperfecto*

_____

_____

_____

2. *Pretérito*

_____

_____

_____

3. *Presente*

_____

_____

D. Ahora, escucha otra vez y apunta las expresiones que ha usado para los siguientes propósitos.

1. Expresiones para comenzar la anécdota:

_____

2. Expresiones para añadir más información y mantener el interés:

_____

3. Expresiones para pedir más información y demostrar interés:

_____

_____

4. Expresiones para terminar la historia:

_____

_____

CONVERSACION 3

E. Escucha lo que les pasó una vez a unos jóvenes en una fiesta y llena los espacios en blanco:

Oye, conoces a mi _____, ¿no? Y sabes que es muy _____

_____. Pues, _____ un

cuento para que veas que es una persona _____

ahora a lo que era antes.

Bueno, estábamos nosotros _____, de vacaciones en Santa Cruz. Y,

pues, Papi decidió que estábamos ya _____, así que nos iba a llevar a un

restaurante muy _____ y muy _____. Así que nos

vestimos todos en _____. Y bueno, claro.

Y entonces fuimos _____ sopa de tortuga . . . , _____

esto _____ lo otro. A todo lo que da. Bueno, _____,

estábamos así nosotros comiendo, y _____ los

meseros a veces, cuando son niños, _____ son niños, pues no, no

se ocupan mucho, ¿_____?

_____, estábamos comiendo y estábamos comiendo. Y _____

_____ el mesero decide que mi hermano _____ de comer. Y le trata de

quitar el _____ de la _____. Y mi hermano toma el

_____ . . . y _____ con el tenedor. _____,

el mesero _____ el plato y dió un grito _____. Bueno,

mami _____. Pero mi hermano siguió comiendo.

F. Apunta las expresiones que usó el amigo para demostrar interés y conseguir más información:

_____   _____

_____

_____

_____

PALABRAS A REPASAR

G. **La familia.**   ¿Recuerdas las palabras necesarias para hablar de la familia? Mira las categorías que se encuentran a continuación y escribe palabras que asocies con cada una.

parientes	actividades predilectas	cualidades personales	cualidades físicas
el padre	esquiar	amable	guapo(a)

Compara tus listas con las que han hecho dos compañeros. ¿Quieres agregar a tus listas algunas palabras que hayan escrito tus compañeros?

H. **La vida familiar.**   Recuerda las diferentes etapas de tu vida hasta ahora y escribe una experiencia que tuviste relacionada a cada uno de los siguientes períodos.

> **Modelo:**
> cuando tenías un año
> Cuando tenía un año aprendí a caminar.

1. cuando tenías tres años

_____

_____

2. cuando tenías cinco años

_____

_____

3. cuando estabas en el primer grado

_____

_____

4. cuando estabas en el séptimo grado

_____

_____

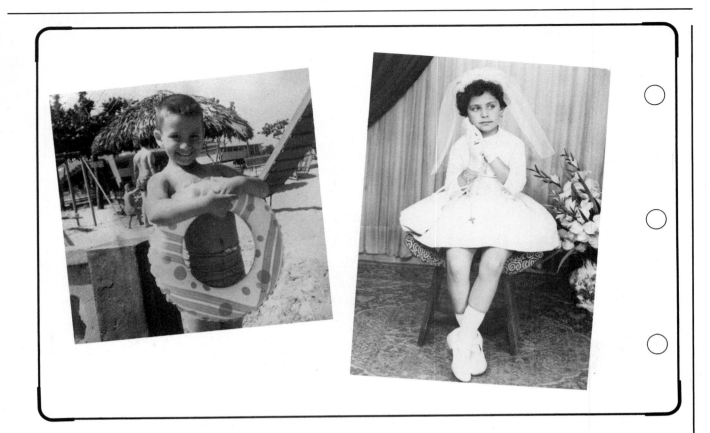

5. cuando tenías quince años

_____

_____

6. cuando tenías dieciocho años

_____

_____

7. el año pasado

_____

_____

8. la semana pasada

_____

_____

9. ayer

_____

_____

Comparte con un(a) compañero(a) lo que has escrito y apunta aquí cualquier palabra o expresión nueva que él (ella) haya usado.

_____   _____

_____   _____

I. Asociaciones.   ¿Qué actividades asocias con las siguientes situaciones y épocas de tu vida? Para cada etapa escribe dos o tres cosas que hacías normalmente.

> Modelo: en la Navidad
> Yo jugaba con mis regalos.
> Comíamos mucho pavo.

1. en tu cumpleaños, cuando eras niño(a)

_____

_____

_____

2. en la Navidad, cuando estabas en la escuela primaria

_____

_____

_____

3. durante los veranos cuando estabas en la escuela secundaria

_____

_____

_____

4. el año pasado, en tus horas de ocio (tu tiempo libre)

_____

_____

_____

Comparte con un(a) compañero(a) lo que has escrito y escribe a continuación unas palabras interesantes que él (ella) haya usado.

_____   _____

_____   _____

ENTRE NOSOTROS

memomemo

EXPRESIONES QUE SE USAN PARA DESCRIBIR LA VIDA FAMILIAR Y HACER PREGUNTAS

Bueno, les cuento que . . .	Well, I can tell you that . . .
Nuestra vida era . . .	Our life was . . .
Imagínense, . . .	Just imagine, . . .
Pero, dime, . . .	But tell me, . . .
Cuéntame, . . .	Tell me, . . .
¿Qué te gustaba hacer . . . ?	What did you like to do . . . ?
A mí me gustaba . . .	I liked . . .
A mí también.	I did, too.
A mí tampoco.	I didn't, either.

J. Cuando estaba en la escuela . . .   ¿Cómo era la vida de tu familia cuando estabas en la escuela? Describe a dos compañeros la rutina diaria de tu famila cuando vivías con tus padres. (¿Comían juntos? ¿Tenían muchas actividades? ¿Trabajaban mucho? ¿Dormían hasta muy tarde los fines de semana? ¿Qué más hacían? ¿Cuál era la hora del día que más te gustaba? ¿Qué días eran muy especiales?)

Se prohibe escribir para luego leer todo lo que vas a decir, pero puedes tomar apuntes para que te sirvan de guía. Tus compañeros te harán preguntas y comentarios.

_____

_____

_____

memomemomemo

EXPRESIONES QUE SE USAN PARA CONTAR UNA HISTORIA O ANECDOTA

Escuchen, les voy a contar . . .	Listen, I'm going to tell you . . .
Les voy a contar algo que nos pasó un día.	I'm going to tell you something that happened to us one day.
Una vez cuando tenía seis años . . .	One time when I was six . . .
Fíjense que . . .	Just imagine . . .
No me van a creer.	You're not going to believe me.
Fue algo espantoso.	It was something frightening.
Fue divertidísimo.	It was great fun.
Y entonces, . . .	And then . . .

EXPRESIONES QUE SE USAN PARA REACCIONAR

¿Sí? Es increíble.	Really? That's incredible.
¡No me digas!	You don't say!
¡Ay, no!	Oh, no!
Pero no me vayas a decir . . .	But you're not going to tell me . . .
No, no lo creo.	No, I don't believe it.
Y ¿qué pasó después?	And what happened then?

K. Contar historias   En un grupo de tres compañeros, cuenta una historia de algo que tu familia hizo o que les pasó a ti y a tu familia alguna vez—por ejemplo, un accidente, una visita inesperada, un viaje, una gran sorpresa, etc. Un(a) compañero(a) te escuchará para hacer comentarios y el (la) otro(a) escribirá las expresiones que usas para contar la historia y que usan ellos para comentar.

1. apuntes para la historia: _____

_____

_____

2. expresiones usadas por la persona que habla: _____

_____

_____

3. expresiones usadas para comentar sobre lo que se escucha: _____

_____

_____

memomemomemomemo

L. El mejor cuento. Prepara una historia o anécdota que puedas contarle a un grupo de cinco estudiantes. (Por ejemplo, algo chistoso (espantoso/romántico) que te haya pasado; el argumento de un libro o una película; la historia de un cuento de hadas—u otro cuento conocido.) Primero, tu profesor(a) te ayudará a corregirla y perfeccionarla. (Entrégale al menos diez oraciones.) Después, practica varias veces para que puedas contársela a tus compañeros sin leerla. Utiliza las expresiones apropiadas para mantener el interés de todos.

Voten ustedes para decidir qué historia sería más interesante para otro grupo; el que la haya contado irá a contársela a otro grupo.

SITUACIONES

M. Una familia famosa. Haz el papel de un miembro de una familia famosa y cuenta la historia de la familia sin mencionar el apellido; varios de tus compañeros tratarán de adivinar quién es. Utiliza el presente histórico. Por ejemplo: «Soy el único hijo de mi familia. Tengo papá y mamá pero no tengo hermanos. Vivimos en un bosque. Es la hora del desayuno pero la comida está muy caliente y decidimos dar un paseo antes de desayunar.» Puedes contar un cuento para niños, un episodio de un programa que hayas visto por televisión, un libro que hayas leído, una anécdota sobre una familia de políticos o estrellas de cine, etc. Recuerda que tus compañeros necesitan identificar a la familia; por eso, tienes que darles la mayor información posible.

N. La familia ideal. Imagínate que piensas casarte con tu novio(a) y descríbele tu familia ideal. Tus compañeros te harán preguntas y comentarios.

_____

_____

_____

_____

O. Un cuento. En grupos de tres estudiantes, van a inventar un cuento usando el pasado. Sigan los pasos indicados.

1. Inventen y describan tres personajes.

        Modelo: **Primer personaje**
                aspecto físico: (Era bajo, gordo, . . .)
                personalidad: (Era amable, inteligente, . . .)
                actividades: (Le gustaba bailar y beber.)

Primer personaje

aspecto físico: _____

personalidad: _____

actividades: _____

_____

Segundo personaje

aspecto físico: _____

personalidad: _____

actividades: _____

_____

Tercer personaje

aspecto físico: _____

personalidad: _____

actividades: _____

2. Inventen y describan una situación.

_____

_____

_____

_____

3. Cuenten las actividades y los acontecimientos principales.

_____

_____

_____

_____

4. Escriban su cuento y entréguenselo a su profesor. Cuando esté corregido, prepárense para contárselo a la clase—¡con mucha expresión! Si quieren, pueden hacer unos dibujos para ilustrarlo.

P. Una tira cómica. Tu profesor(a) les va a dar partes de una tira cómica. En grupos pequeños ustedes tienen que ponerlas en orden y describirlas a la clase, sin mirar las secciones que tienen sus compañeros y sin usar ni una palabra de inglés. ¡A ver qué grupo termina primero!

FUERA DE CLASE

Q. Llama o visita a una persona de habla española o una persona que haya vivido en un país de habla española y pídele que te describa a su familia y la vida familiar (rutinas, costumbres, tradiciones) en su país. Pídele que te cuente alguna historia de algo que le ocurrió alguna vez a su familia. Haz una grabación o toma apuntes para poder contarle todo a la clase. Recuerda que tienes que decidir entre tú y usted; ¿cuál de las dos formas sería apropiada para la persona con quien vas a conversar?

_____

_____

_____

_____

ejemplos:
Si quieres, puedes usar estas expresiones.

¿Me podría(s) decir . . . ?

Por favor, cuénteme (cuéntame) algo que le (te) ocurrió . . .

Con su (tu) permiso, quisiera grabar (hacer apuntes).

R. En grupos de tres estudiantes, hagan un cuestionario que puedan utilizar para entrevistar a una persona de habla española sobre sus impresiones y opiniones acerca de la vida familiar en Norteamérica y en su país. Luego, miren los cuestionarios de otros grupos para conseguir más ideas y revisen su cuestionario. Hagan varias copias.

CUESTIONARIO

preguntas   **respuestas**

_____   _____

_____   _____

_____   _____

_____   _____

_____   _____

_____   _____

_____   _____

_____

Ahora, entrevisten a varias personas de habla española, utilizando su cuestionario. Después, hagan un informe oral para la clase sobre lo que hayan dicho las personas entrevistadas. ¿Comparten todos las mismas opiniones? ¿Cómo se comparan las familias de los varios países? ¿Qué expresiones y palabras han usado para dar sus opiniones e impresiones?

_____

_____

_____

_____

_____

vocabulario

palabras que
quiero recordar

Capítulo 7

"Siento tener que avisarle . . ."

COMPRAS
Y
REPARACIONES

ESCUCHAR Y APRENDER
CONVERSACION 1

A. Escucha dos veces la conversación grabada, entre una señora y una vendedora de verduras y frutas en un mercado. Llena el siguiente formulario sobre las compras que hace la señora.

	precio pedido	**precio ofrecido**	**precio pagado**
naranjas	_____	_____	_____
lechuga	_____	_____	_____

"¿Qué se le ofrece, señora?" "Me interesa comprar unas cuantas naranjas."

B. Ahora escucha otra vez y escribe varias expresiones que usan estas señoras para vender y comprar en el mercado:

LA QUE VENDE

_____

_____

_____

_____

LA QUE COMPRA

_____

_____

_____

_____

CONVERSACION 2

C. Escucha dos veces la conversación entre un dependiente de una zapatería y un señor que quiere devolver un par de zapatos. Haz una lista de las quejas del señor y otra de las explicaciones del dependiente.

1. Quejas:

_____

_____

_____

_____

2. Explicaciones:

_____

_____

_____

_____

D. Ahora, escucha de nuevo y apunta las expresiones utilizadas por las dos personas: el dependiente, al llevar a cabo sus responsabilidades; el señor, al quejarse y expresar sus deseos.

1. El dependiente:

_____

_____

_____

2. El señor:

_____

_____

_____

E. En esta conversación participan dos personas: una vendedora de ropa de mujer y un señor que busca un vestido especial para su novia. Escúchala dos veces y describe el vestido que desea comprar el señor.

1. color: _____

2. mangas: _____

3. falda: _____

4. tela: _____

5. talla: _____

F. Ahora escucha dos veces más la conversación y apunta las expresiones que usan las dos personas.

1. La dependienta:

_____

_____

_____

_____

2. El señor:

_____

_____

_____

_____

PALABRAS A REPASAR

G. Juego en cadena. Los estudiantes de la clase forman un círculo. Un(a) estudiante comienza el juego diciendo que fue de compras y compró (un reloj). El (la) segundo(a) estudiante repite la frase y añade algo que compró: Fui de compras y compré un reloj y (una blusa). Sucesivamente todos añaden algo y tratan de recordar lo que compraron todos los demás. Después, apunta los nombres de algunas cosas que compraron tus compañeros.

_____   _____

_____   _____

_____   _____

_____   _____

H. Juego de categorías. La clase se divide en dos equipos. El (La) profesor(a) les anuncia a los primeros estudiantes de los dos equipos una categoría. Cada estudiante, uno(a) de un equipo y después uno(a) del otro, menciona un ejemplo de la categoría, hasta que un equipo no pueda mencionar más. El otro equipo gana un punto y si puede mencionar más ejemplos, gana un punto por cada uno. Para prepararte, anota varias palabras que representan cada categoría.

ropa	tiendas	frutas	verduras
___	___	___	___
___	___	___	___
___	___	___	___

máquinas y aparatos	carnes	joyas	muebles
___	___	___	___
___	___	___	___
___	___	___	___

EDIFICIO MODA

3 SOTANO
Aparcamiento.

2 SOTANO
Departamentos. **Oportuni-dades.**
SERVICIOS:
Objetos perdidos.

1 SOTANO
Imagen y Sonido. Discos. Microinformática. Fotogra-fía. Fumador. Papelería. Li-brería. Tienda de la Natura-leza. Turismo.
SERVICIOS:
Aparcamiento. Video-club. Prensa y Revistas. Carta de Compra. Tienda de Tabaco. Laboratorio Fotográfico. Rin-cón Esotérico. P.I.C. (Punto de Información Cultural).

B PLANTA BAJA
Complementos de Moda. Perfumería y Cosmética. Joyería. Bisutería. Bolsos. Relojería. Marroquinería. Stand-Dunhill. Cartier. Bom-bonería Godiva.
SERVICIOS:
Optica 2000. Información. Servicio de Intérpretes. Re-paración de Relojes.

1 PLANTA
Señoras. Confección. Pun-to. Peletería. Boutiques In-ternacionales. Lencería y Corsetería. Futura Mamá. Tallas Especiales. Comple-mentos de Moda.
SERVICIOS:
Peluquería de Señoras. Con-servación de Pieles.

2 PLANTA
Caballeros. Confección. Ante y Piel. Boutiques. Ropa Interior. Sastrería a Medi-da. C. Gourmet. Artículos de Viajes. Complementos de Moda.
SERVICIOS:
Agencia de Viajes. Unidad Administrativa. (Tarjeta E.C.I., Venta a Plazos, Che-que regalo). Post-Venta. Cambio Moneda Extranje-ra. Devolución del IVA. En-víos Nacionales y Extran-jeros. Centro de Seguros. Peluquería Caballeros y Niños. Bar Inglés.

3 PLANTA
Infantil: Niños/as (4 a 10 años). Confección. Bouti-que. Complementos Bebés. Carrocería. Canastillas. Confección Bebé. Zapate-ría Bebé. **Chicos/as (11 a 14 años).** Confección Boutique Agua Viva. Com-plementos. **Juguetería.**
SERVICIOS:
Estudio Fotográfico.

4 PLANTA
Zapatería. Señoras, Caba-lleros y Niños. **Deportes.** Confección Deportiva. Za-patería Deportiva. Armería. Marcas Internacionales. Complementos.
SERVICIOS:
Taller de Armería. Encor-dado de raquetas. Podología.

5 PLANTA
Juventud. Confección. Tienda Vaquera. Lecería y Corsetería. Punto. Boutiques. Complementos de Moda.

6 PLANTA
Promociones y Ferias. Co-sas (regalos juventud).
SERVICIOS:
Cafetería. Restaurante. Piz-zería. Bouffett. Centro de Comunicaciones (llamadas telefónicas nacionales e in-ternacionales).

Ahora, apunta varias palabras que hayan mencionado tus compañeros:

ropa: _____

tiendas: _____

frutas: _____

verduras: _____

aparatos: _____

carnes: _____

joyas: _____

muebles: _____

I. Tiendas. ¿Dónde podrían comprar las cosas que todos mencionaron en la actividad anterior? Escribe los nombres de varios tipos de tiendas. Por ejemplo, una zapatería, una tienda de ropa.

_____   _____

_____   _____

_____   _____

_____   _____

J. Adjetivos útiles. Haz una lista de adjetivos y sus antónimos que puedan serte útiles cuando vayas a comprar en un almacén. Por ejemplo, bonito/feo, grande/pequeño. Luego, compara tu lista con las de otros dos compañeros y añade tres o cuatro más.

_____ / _____

_____ / _____

_____ / _____

_____ / _____

_____ / _____

ENTRE NOSOTROS

memomemem

EXPRESIONES QUE SE USAN PARA EXPRESAR LOS DESEOS

¿Qué le damos a _____?	What shall we give _____?
A _____ debemos regalarle un(a)...	We must give _____ a...
Para _____, vamos a hacer (comprar) un(a)...	For _____, let's make (buy) a...
A _____ le gustaría un...	_____ would like a...
A mí me gustaría...	I would like...
No, yo dije que quería un(a)...	No, I said I wanted a...
No quisiera (no necesito) un...	I don't really want (need) a...
¡Sí, acertaron! Escogieron exactamente lo que yo quería.	Yes, you guessed! You chose exactly what I wanted.

K. Un regalo ideal. Piensa en un regalo que te gustaría recibir y escribe su nombre en secreto. No dejes que lo vean tus compañeros. Luego, con otros dos estudiantes, haz una lista de regalos que a todos les gustaría comprar para los otros miembros de la clase. ¡No se olviden de nadie! Finalmente, lean su lista a la clase para ver a cuántas personas les darían ustedes exactamente lo que han pedido.

Yo quisiera recibir:

_____

L. Compré... Trae a la clase alguna cosa que tú hayas comprado. Explica la historia de la compra y evalúa la utilidad, la calidad, etc., de la cosa.

M. Reparaciones. Describe algo que tú tienes, que necesite reparaciones (o tráelo a la clase para que lo vean los otros estudiantes). Pregúntales individualmente a tres compañeros dónde te lo podrían reparar. Te pueden hacer preguntas si no comprenden bien. Apunta las recomendaciones de ellos. Si no están de acuerdo, diles lo que han sugerido los otros y pregúntales si los otros tienen razón o no. ¿Adónde debes llevarlo a que lo reparen?

ejemplos:
Si quieres, puedes usar estas expresiones.

Este(a)... necesita...

Fíjate que este... no funciona.

Por favor, dime quién me puede arreglar este(a)...

1. las reparaciones que necesita: _____

_____

_____

2. las recomendaciones: _____

_____

_____

N. Si tuviera suficiente dinero . . .   ¿Qué te gustaría comprar si de repente te encontraras con suficiente dinero? En un grupo de cuatro o cinco estudiantes, comparen lo que comprarían *primero* si estuvieran en tal situación. Discutan dónde podrían comprar cada cosa al mejor precio.

Yo compraría un(a) _____

porque _____

Lo (La) compraría en _____

porque _____

O. ¡Es una verdadera ganga!   Trae a la clase un artículo o una fotografía de algo y trata de vendérselo a tus compañeros. Ellos también traerán un artículo. Organicen ustedes un tipo de mercado en que todos venden y compran; pueden dividir la clase en grupos, para vender y comprar por turnos.

memomemomome

EXPRESIONES QUE SE USAN PARA QUEJARSE

Siento tener que avisarle . . .	I'm sorry to have to tell you . . .
Mire, vengo a quejarme.	Look, I'm here to complain.
Tengo que decirle que . . .	I have to tell you that . . .
Perdón, señor, pero la verdad es que . . .	Excuse me, but the truth is that . . .
Creo que han cometido un error. } Creo que se han equivocado.	I think you have made a mistake.
¡Mire, ya pierdo la paciencia!	Look, I'm losing my patience now!
¡Lo(s) necesito ya!	I need it (them) now!
¡No puedo esperar más!	I can't wait any longer!
¡Esto es el colmo!	This is the last straw!
Yo no puedo soportar más . . .	I can't take any more . . .
Fíjese que . . .	Well, it's like this . . .
Sí, tiene razón, pero . . .	Yes, you're right, but . . .
Pero, por favor, . . .	But please . . .
Me reparó (arregló/compuso) . . . , pero . . .	You repaired my . . . , but . . .

P. ¡Mire, vengo a quejarme!   Trabaja con un(a) compañero(a). Tu profesor(a) le dará a uno(a) de ustedes la descripción de una situación en la cual tendrá que quejarse y tratar de lograr que la otra persona devuelva el dinero, cambie el artículo por otro, etc. La otra persona, por supuesto, hace el papel contrario.

Q. ¿Qué ropa necesitas mandar a la lavandería/tintorería?

1. Haz una lista de ropa sucia que tienes, que necesita ser lavada en seco: _____

_____

_____

Según la lista, ¿cuánto te costaría en el Hotel Córdoba, en España? _____

¿Cuánto costará si quieres que te laven los artículos en menos de 24 horas? _____

Si pierden o arruinan algún artículo, ¿cuánto puedes cobrar? _____

¿Y si el artículo es de cuero? _____

2. Ahora, con un(a) compañero(a), hagan los siguientes papeles.

   a. El (La) cliente, que lleva su ropa (de la lista que escribió arriba) a la tintorería y luego regresa para recogerla. Necesita todo en menos de un día. Al recoger su ropa, cree que han arruinado uno de los artículos.

   b. El (La) dependiente(a), que le entrega la ropa y le cobra el valor del lavado en seco.

   Cada uno debe computar independientemente el valor del lavado en seco, menos el descuento por los daños. Si no están de acuerdo, tendrán que discutirlo.

---

hotel Meliá Córdoba — TINTORERIA - LAVADO EN SECO
Nettoyage á sec.
Dye - and - Dry cleaning

NOMBRE / NOM / NAME	TOTAL DE PIEZAS / TOTAL DE PIECES / TOTAL OF ARTICLES	HABITACION / CHAMBRE / ROOM N.°

FECHA DE ENTREGA / JOUR DE LA REMISE / DATE DELIVERED	HORA / HEURE / TIME	A DEVOLVER EL / A RENDRE LE / TO BE RETURNED	HORA / HEURE / TIME

Tenga la bondad de rellenar la hoja indicando el número y clase de piezas entregadas.
Veuillez bien remplir ce formulaire en indiquant le nombre de pièces remises.
Please enter number of articles and special services.

Entregado antes de 24 horas tendrá un recargo del 50%.
Service rapide (dans les 24 heures) 50% de supplément.
Articles returned within 24 hours, will be charged 50% extra.

AVISO IMPORTANTE   AVIS IMPORTANT   IMPORTANT NOTICE

No nos responsabilizamos de los desperfectos causados a prendas de: ante, cuero, encaje, etc.
L'Hotel ne pourra en aucun cas être rendu responsable pour les dommages subit aux articles délicats, tels que: daim, cuir, dentelles, etc.
The Hotel cannot be held responsible for damage to: suede, leather, broideries, etc.

La responsabilidad del Hotel en caso de pérdida o deterioro de un artículo, no podrá nunca exceder cinco veces del precio que se cobra por el servicio.
La responsabilité de l'Hotel pour articles perdus ou endommagés ne pourra excéder cinq fois le prix du service demandé.
Refunds in case of loss or damages will never exceed five times the price of the requested service.

Los sábados solo se recogerá el servicio urgente, con recargo del 50%, hasta las 10 de la mañana. Los domingos cerrado.

No regular service on saturdays and sundays. Express service is available only untill 10 am. on saturdays (overcharge 50%).

Ferme le samedi et le dimanche. Service express jusqu'a 10 heures samedi matin (surplus 50%).

PIEZAS / PIECES / PIECES	ARTICULOS	ARTICLES	ARTICLES	PRECIOS / PRIX / PRICES	TOTAL
	SEÑORA	**DAMES**	**LADIES**		
	Abrigo	Manteau	Coat	600	
	Blusa	Chemisier	Blouse	275	
	Chaqueta	Veste	Jacket	400	
	Falda	Jupe	Skirt	250	
	Falda plisada	Jupe plissée	Pleated skirt	500	
	Pantalón	Pantalon	Slacks	300	
	Pantalón corto	Pantalon court	Short	200	
	Rebeca	Cardigan	Cardigan	260	
	Vestido	Robe	Dress	475	
	Vestido largo	Longue robe	Long dress	600	
	CABALLERO	**MESSIEURS**	**GENTLEMEN**		
	Abrigo	Manteau	Coat	600	
	Americana	Veste	Jacket	400	
	Americana Smoking	Veste Smoking	Jacket Smoking	450	
	Corbata	Cravatte	Tie	160	
	Gabardina	Imperméable	Rain coat	575	
	Jersey	Pull-over	Sweater	260	
	Pantalón	Pantalon	Trousers	300	
	Pantalón corto	Pantalon court	Short	200	
	Pantalón Smoking	Pantalon Smoking	Trousers Smoking	350	
				TOTAL...	

3.06.477
Gráficas Andalus

R. Aplicación. Galerías Preciados es un almacén grande de Madrid. Aquí tienen un impreso que solicita las reclamaciones de sus clientes. La mitad de los estudiantes llenará el formulario como si fuera de un almacén de la ciudad donde viven. Luego, presentarán tres de sus quejas oralmente, uno por uno, ante la clase. Los demás estudiantes harán el papel del gerente del almacén y tratarán de reaccionar a las tres quejas de manera que el (la) cliente esté satisfecho(a). Cuando todos los clientes hayan presentado sus quejas y recibido una explicación, ellos votarán por el mejor gerente.

■ Al trato recibido de los vendedores

- ☐ No ha mostrado ningún interés en servirme.
- ☐ Se han dirigido a mí de forma grosera o irrespetuosa.
- ☐ Han tardado mucho en atenderme.
- ☐ No me han atendido.
- ☐ No tenía el vendedor suficiente conocimiento de la mercancía.
- ☐ Otros aspectos del trato del vendedor.
  (escríbalo usted por favor) ------------------------------

Nombre del vendedor:
--- Sección ------------

Ref. 1668-Nuoleris

■ A la mercancía

- ☐ No había lo que buscaba.
- ☐ Estaba en mal estado.
- ☐ Tipo de mercancía.
- ☐ Mala presentación (arrugada, etc.).
- ☐ Difícil encontrar sus coordinados.
- ☐ Mala señalización del tallaje.
- ☐ Faltaba mi talla (que es la número   ).
- ☐ Otros aspectos de la mercancía.
  (escríbalo usted, por favor) -----------------------------------
  ----

■ A la cafetería

☐ Han tardado demasiado en atenderme.

☐ El camarero se ha dirigido a mí de forma irrespetuosa.

☐ La comida/bebida estaba en mal estado.

☐ No estaba suficientemente limpia.

☐ Otros aspectos de la cafetería.
(escríbalo usted, por favor) ....
....

Nombre del empleado
.... Sección ....

■ Instalaciones de muebles y electrodomésticos en domicilio

☐ Han tardado demasiado en venir a instalármelo.

☐ Lo han instalado mal.

☐ Falta de limpieza de la instalación.

☐ Falta de amabilidad en los instaladores.

☐ Otros aspectos de instalaciones en domicilio.
(escríbalo usted, por favor) ....
....

Nombre del empleado:
.... Sección ....

■ Al cobro en las cajas

☐ Han tardado demasiado tiempo en cobrarme.

☐ La cajera se ha dirigido a mí de forma irrespetuosa.

☐ Se han equivocado en el cobro.

☐ Otros aspectos del cobro en las Cajas.
(escríbalo usted, por favor) ....
....

■ A una operación a Crédito

☐ No me han explicado bien las operaciones de crédito.

☐ Han tardado demasiado en atenderme.

☐ El personal de la oficina de crédito se ha dirigido a mí
de forma irrespetuosa.

☐ Otros aspectos de la operación a crédito.
(escríbalo usted, por favor) ....
....

Nombre dei empleado: ....

■ **A los cambios y devoluciones de mercancía** ───────

☐ El trato no ha sido amable.

☐ Ponen demasiadas pegas.

☐ Tardan mucho en realizarlos.

☐ Otros aspectos.
(escríbalo usted, por favor) ....
....

Nombre del empleado:

.... Sección ....

■ **A un encargo realizado** ──────────────

☐ No se han cumplido la fecha u hora acordada.

☐ El artículo encargado está mal realizado o defectuoso.

☐ Otros aspectos del encargo.
(escríbalo usted, por favor) ....
....

Nombre del empleado:

.... Sección ....

FUERA DE CLASE

S. ¿Qué artículos internacionales venden en el supermercado donde haces las compras? Haz un estudio de los productos que hay de los países hispanos. Estudia las etiquetas y haz una lista de lo que encuentres. Preséntale tus resultados a la clase.

Artículos (marca, cantidad y precio): _____

_____

_____

_____

_____

_____

_____

_____

T. Entrevista a una persona que haya vivido en otro país para averiguar cuáles son las diferencias entre ese país y el tuyo en cuanto a las costumbres relacionadas a las compras y las quejas. Haz un cuestionario:

¿Qué productos llevan garantías?

¿Qué servicios de reparación existen?

¿Qué tarjetas de crédito se usan?

¿Cuánto cuestan los aparatos, los comestibles, etc., en comparación a lo que cuestan en Norteamérica?

¿Podría describir (demostrar) la costumbre de regatear? (dónde y cómo se regatea; qué errores tienden a cometer los extranjeros al tratar de regatear)

Otras preguntas: _____

_____

_____

_____

_____

_____

_____

_____

Presenta en clase la información que hayas conseguido.

_____

_____

_____

_____

_____

_____

_____

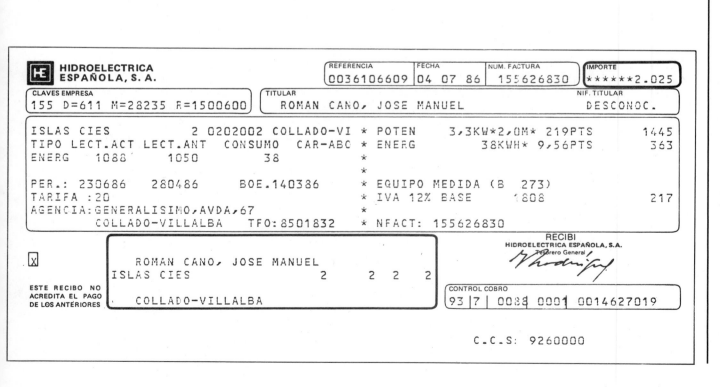

vocabulario
palabras que
quiero recordar

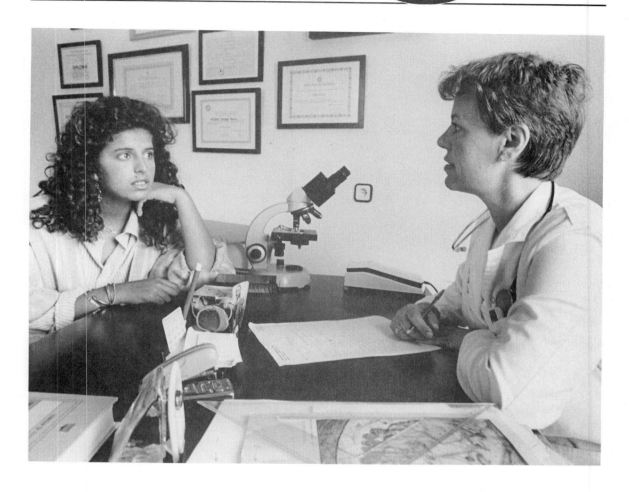

Capítulo 8

GIVING AND RECEIVING ADVICE

"¿Qué hago?"

DECISIONES
DE LA
VIDA DIARIA

ESCUCHAR Y APRENDER
CONVERSACION 1

A. El doctor Méndez le habla a un paciente, y le hace ciertas recomendaciones. Escucha la grabación y anota las expresiones que se utilizan para dar consejos y para responder a ellos.

1. las recomendaciones del médico: _____

_____

_____

_____

2. las respuestas del paciente: _____

_____

_____

_____

CONVERSACION 2

B. Carlos le pide a su amiga Marta que le recomiende algunos cursos para el próximo semestre. Escucha la conversación y escribe las expresiones apropiadas.

1. preguntas para pedir consejos: _____

_____

_____

_____

2. recomendaciones: _____

_____

_____

_____

3. opiniones: _____

_____

_____

_____

C. Pedro, que es un corredor con experiencia, aconseja a su amigo sobre cómo comenzar un régimen de correr. Escucha la grabación y toma apuntes.

1. las recomendaciones básicas: _____

_____

_____

_____

_____

_____

2. las preguntas que hace el principiante: _____

_____

_____

_____

_____

_____

_____

PALABRAS A REPASAR

D. Consejos.   Tus amigos tienen que decidir algo. ¿Qué les puedes aconsejar?

1. Isabel pasó la noche estudiando para un examen de historia que tenía a las nueve. Ahora son las diez. Tiene otra clase, pero quiere volver a su habitación para dormir.

   Tú le dices: _____

   _____

2. Roberto bebe demasiado. Está en una fiesta, y se ha emborrachado. Cuando sale, cree que puede manejar el auto.
   Tú le dices: _____

   _____

3. María tiene pelo rojo. Te pregunta si te gusta el vestido rojo vivo que piensa ponerse para ir a una fiesta esa noche.
   Tú le dices: _____

   _____

4. Fernando no es buen estudiante de matemáticas. Está preocupado porque tiene un examen importante de esa materia la próxima semana.

Tú le dices: _____

_____

5. Catalina quiere salir con Esteban. Tú sabes que él es un muchacho descortés.

Tú le dices: _____

_____

6. Manuela está descontenta porque cree que no es popular. Tú crees que lo es, pero tiene la mala costumbre de no saludar a sus amigos.

Tú le dices: _____

_____

7. Hay una chica en la clase de inglés que a Pepe le gusta mucho, pero no sabe cómo se llama.

Tú le dices: _____

_____

8. José tiene que escoger su especialización este semestre, pero no sabe cuál.

Tú le dices: _____

_____

9. Ana quiere pasar el tercer año de la universidad en España, pero al mismo tiempo no quiere dejar a su novio por tanto tiempo.

Tú le dices: _____

_____

10. Pablo está cansadísimo. Casi no come nada, y no duerme mucho. Muchas veces no se acuesta hasta las dos de la mañana.

Tú le dices: _____

_____

11. Andrea quiere sacar sobresaliente en todas sus materias. Por eso, estudia todo el tiempo. Ni siquiera sale los fines de semana para divertirse.

Tú le dices: _____

_____

12. Tu madre está preocupada porque tu hermano, que tiene diez y ocho años y está en el último año de la escuela secundaria, no le habla. Pasa horas sólo en su cuarto.

Tú le dices: _____

_____

E. Decisiones.   Piensa en las decisiones comunes, grandes y pequeñas, que suelen tomar los estudiantes universitarios. Lee las decisiones que hay que tomar en los ejercicios siguientes y escribe las recomendaciones dadas por cada una de las personas siguientes.

Modelo: tu decisión: comprar o no una motocicleta
tu madre: No me gusta que pienses en comprar una motocicleta.
tu novio(a): Prefiero que no la compres.

1. decisión: _____

   amigos: _____

   novio(a): _____

2. decisión: _____

   profesor(a): _____

   padres: _____

3. decisión: _____

   consejero(a): _____

   compañero(a) de cuarto: _____

su horóscopo para hoy

ARIES (Marzo 21 a abril 19.)—Un día prometedor para aventuras románticas. Procure cooperar más con sus asociados, no sea tan tímido. Sus viajes tropezarán con pequeños contratiempos.

TAURO (Abril 20 a mayo 20.)—Haga todo lo que sus padres desean, sea más sensato. Ponga todos sus asuntos en mejores condiciones. Usted encontrará mejor manera para coordinar sus ideas.

GEMINIS (Mayo 21 a junio 21.)—Traiga su mejor talento a la atención de personas de altos cargos, le conviene. Demuestre más consideración a personas mayores de familia y demuéstreles su afecto.

CANCER (Junio 22 a julio 21.)—Procure complacer más a su familia, haga una reunión social en su casa en la noche y demostrará que es una buena anfitriona. Sea más complaciente.

LEO (Julio 22 a agosto 21.)—Usted tiene magníficas ideas y debía ponerlas en marcha cuanto antes. Hágase de un presupuesto que sea más razonable. La noche es ideal para hacer vida social.

VIRGO (Agosto 22 a septiembre 22.)—Consulte con un experto sobre asuntos de finanzas y también de tipo personal. Una de sus amistades le ayudará en algo muy importante. Exprese sus ideas a su novia.

LIBRA (Septiembre 23 a octubre 22.)—El día es excelente para visitar al médico y hacerse un chequeo general de su salud. Nunca deje que sus problemas familiares interfieran con su trabajo, evitará tensiones.

ESCORPION (Octubre 23 a noviembre 21.)—Ultimamente está gastando demasiado dinero, así es que haga planes para economizar. Visite ciertos amigos que se encuentran deprimidos, así les alegrará y se sentirán mejor.

SAGITARIO (Noviembre 22 a diciembre 21.)—Póngase en contacto con alguien que usted desea ver más en el futuro. Recuerde cierto favor que su compañera le ha pedido y procure cumplirlo cuanto antes.

CAPRICORNIO (Diciembre 22 a enero 20.)—Reúnase con un grupo que comparte sus mismos intereses y participe más en asuntos de su comunidad también. Tome algún tratamiento que le proporcione más vitalidad.

ACUARIO (Enero 21 a febrero 19.)—La comunicación con otros le será más fácil ahora, ya que Mercurio se encuentra en su casa. Si se presentara algún dilema en su trabajo resuélvalo con mucho tacto y paciencia.

PISCIS (Febrero 21 a marzo 19.)—El día hoy es excelente para manejar sus asuntos prácticos y de finanzas. Procure pagar sus deudas a tiempo. Mucho cuidado si debe conducir hoy, evitará accidentes.

4. decisión: _____

   madre: _____

   novio(a): _____

5. decisión: _____

   compañero(a) de cuarto: _____

   amigo(a): _____

6. decisión: _____

   hermano(a): _____

   padre: _____

F. Más consejos. Escribe tres consejos que tienen que ver con cada tema dado.

1. consejos que te gustan

   a. _____

   b. _____

   c. _____

2. consejos que no te gustan

   a. _____

   b. _____

   c. _____

3. consejos que más ofreces a tus amigos

   a. _____

   b. _____

   c. _____

4. consejos que más recibes de tus amigos

   a. _____

   b. _____

   c. _____

G. Comparaciones. En clase compara tus respuestas a los ejercicios D, E y F con las de tres compañeros, y anota otras expresiones que se usan para aconsejar.

1. _____

2. _____

3. _____

4. _____

5. _____

6. _____

7. _____

8. _____

memomemomemomemomemome

EXPRESIONES QUE SE USAN PARA PEDIR CONSEJOS

¿Qué debo hacer?	What should I do?
¿Qué sugieres?	What do you suggest?
¿Qué me aconsejas (recomiendas)?	What do you advise (recommend)?
¿Qué te parece?	What do you think?
¿Qué opinas (crees) tú?	What do you think?
¿Qué harías tú?	What would you do?
No sé qué voy a hacer.	I don't know what I'm going to do.
¿Qué crees?	What do you think?
¿Cómo es (son) . . .	What is (are) . . . like?

EXPRESIONES UTILES PARA DAR CONSEJOS

Te digo que sí (no).	I'm telling you yes (no).
Es probable que . . .	It's probable that . . .
Es posible que . . .	It's possible that . . .
Te aconsejo que . . .	I advise you to . . .
Es mejor . . .	It's better
Tú debes . . .	You should . . .
Sugiero que . . .	I suggest you . . .
Opino que . . .	I think that . . .
(No) Creo que . . .	I (don't) think that . . .
Te recomiendo (que) . . .	I recommend . . .
¿Por qué no . . . ?	Why don't you . . .
Trata de . . .	Try to . . .
¿Has pensado en . . . ?	Have you thought about . . . ?
Quiero que . . .	I want . . .
Tienes que . . .	You have to . . .
La otra sugerencia es que . . .	The other suggestion is that .
Puedes . . .	You can . . .
¿Por qué no . . . ?	Why don't you . . . ?
. . . sería perfecto para ti.	. . . would be perfect for you.
Me parece que . . .	It seems to me that . . .

H. ¿Qué debo hacer?　Formen grupos de dos estudiantes. La primera persona empieza leyendo la línea escrita, y pide consejo para su problema. La segunda persona le da un consejo a su amigo(a). La primera persona reacciona a lo que se le aconseja.

> Modelo:　A: Me gustaría invitar a María a la fiesta.
> 　　　　　　 —¿Cómo debo hacerlo?—
> 　　　　　 B: —Creo que debes llamarla por teléfono esta noche e invitarla.—
> 　　　　　 A: —Tienes razón. Voy a llamarla esta noche.—

1. A: La nueva computadora que me interesa está en venta.

　　　_____

　 B: _____

　 A: _____

2. A: Siempre tengo tanto que hacer.

   _____

   B: _____

   A: _____

3. A: No me siento muy bien. Siempre estoy cansado(a).

   _____

   B: _____

   A: _____

4. A: No puedo decidir entre tomar la clase de italiano o la de francés.

   _____

   B: _____

   A: _____

5. A: Mi novio(a) y yo tuvimos una pelea.

   _____

   B: _____

   A: _____

6. A: Quiero comprar este cassette de video, pero no tengo bastante dinero.

    _____

    B: _____

    A: _____

7. A: El ascensor en mi edificio no funciona, y vivo en el décimo piso.

    _____

    B: _____

    A: _____

8. A: Me gustaría ir de compras esta tarde, pero tengo un examen mañana.

    _____

    B: _____

    A: _____

EXPRESIONES QUE SE USAN PARA RESPONDER A LOS CONSEJOS RECIBIDOS.

¿Qué dices?	What are you saying?
No es posible . . .	It's not possible . . .
¡Buena idea!	Good idea!
De acuerdo.	Agreed.
¡Estupendo! (Magnífico) (Fantástico)	Wonderful!
Tú tienes razón.	You're right.
(No) Me parece razonable.	That seems (un)reasonable to me.
Pero . . .	But . . .
(No) Estoy seguro de eso.	I'm (not) sure about that.
(No) Lo haré.	I will (won't) do it.
Pero, ¿no crees que . . .?	But, don't you believe that . . .?
(No) Creo que . . .	I (don't) think that . . .
Te agradezco los consejos.	Thanks for your advice.
¿De veras?	Really?
Muchas gracias.	Thank you very much.
¿Cómo es posible?	How is it possible?
Mira, la verdad es que . . .	Look, the truth is that . . .
¡Qué barbaridad!	How ridiculous!
Ya (O. K.)	O. K.
Bueno, no sé (no estoy seguro/a)	Well, I don't know (I'm not sure)

I. Problemas. En grupos de dos estudiantes, piensen en dos problemas relacionados a los siguientes temas. Luego, piensen en un consejo para cada problema. Escriban sus respuestas abajo.

PROBLEMAS   CONSEJOS

1. el dinero

_____   _____

_____   _____

2. la vida social

_____ _____

_____ _____

3. la familia

_____ _____

_____ _____

4. los estudios

_____ _____

_____ _____

J. ¡Ay, qué problema!   De la siguiente lista de temas escoge cinco por los que estás preocupado(a), y escribe una pregunta para pedir que te aconsejen sobre el problema. En clase haz la pregunta a un(a) compañero(a). El (ella) te irá dando consejos a medida que ustedes sigan hablando del tema.

la salud
por ejemplo: _No puedes dormirte porque sigues pensando en algunos problemas._

los cursos
por ejemplo: _No sabes qué cursos debes escoger para el año que viene._

una carrera
por ejemplo: _Tienes que escoger una especialización, y no sabes qué quieres hacer._

el horario personal
por ejemplo: _Te parece que no tienes tiempo para hacer todo._

la vida social
por ejemplo: _Quieres salir con un(a) chico(a), pero no lo(la) conoces muy bien._

el éxito personal
por ejemplo: _Estudias mucho, pero las notas no son muy buenas._

llevarse bien con los conocidos
por ejemplo: _Te parece que un(a) compañero(a) no te trata bien._

una entrevista
por ejemplo: _Buscas un trabajo de verano, y tienes una entrevista._

una cita
por ejemplo: _Sales este fin de semana, y quieres que él (ella) lo pase bien._

un(a) compañero(a) de cuarto
por ejemplo: _No te llevas bien con un(a) compañero(a) de cuarto._

1. tema: _____

   pregunta: _____

   consejos: _____

2. tema: _____

   pregunta: _____

   consejos: _____

3. tema: _____

   pregunta: _____

   consejos: _____

4. tema: _____

   pregunta: _____

   consejos: _____

5. tema: _____

   pregunta: _____

   consejos: _____

SITUACIONES

K. ¿Qué debo hacer?   Escoge uno de los consejos y una respuesta apropiada para cada situación. (Se usa sólo una vez cada uno.)

SITUACIONES

1. Paco quiere saber lo que puede hacer para jugar mejor al tenis.
2. Carmen ha roto el radio portátil de su compañera de cuarto.
3. Susana piensa estudiar la literatura el próximo semestre.
4. Timoteo estudia en Sudamérica, y piensa participar esta noche en la manifestación contra el gobierno.
5. Me gustaría hacer algo esta noche para relajarme completamente.
6. Mario sabe algo que no quiere decirle a su novia.
7. Consuelo habla con su consejero sobre sus cursos para el próximo semestre.
8. Antonio es bastante gordo.
9. Elena trata de decidir si quiere comprar un suéter rojo o uno azul.

CONSEJOS

A. Pues, necesitas más práctica con mejores jugadores.
B. Es mejor que no vayas porque a veces hay heridos.
C. Sugiero que tomes un curso de historia latinoamericana.
D. Debes comprar el azul. Te queda mejor.
E. Te digo que sí. Es una clase fantástica.
F. Quiero que me digas todo lo que sabes.
G. Te recomiendo que le digas lo más pronto posible.
H. Entonces debes ir al cine con nosotros. Están estrenando una película.
I. Creo que debes hacer más ejercicio.

RESPUESTAS

a. Pero, ¿qué hago si se enfada conmigo?
b. Te agradezco los consejos. No sabía que era algo tan serio.
c. No es posible. Le prometí a Carlos que no se lo diría a nadie.
d. No creo que valga de nada hacer ejercicios. Ser gordo es mi desgracia.
e. De acuerdo. A mí también me gusta más ese color.
f. Estupendo. Eso me interesa mucho.
g. ¿De qué trata, y quiénes son los actores?
h. Me alegro de oír eso porque para mí es un requisito.
i. Es verdad, pero no tengo mucho tiempo libre. Tengo tantos deberes.

¿Es usted persuasivo?

L. Lo que tienes que hacer es . . . Formen grupos de cuatro estudiantes para preparar una lista de consejos, por lo menos diez, para alcanzar algún propósito. Todos los grupos deben escoger un tema diferente.

Algunos temas pueden ser los siguientes.

1. para tener muchos amigos
2. para sacar buenas notas
3. para ser rico
4. para tener éxito en la carrera
5. para tener buena salud
6. para estar contento
7. para evitar las tensiones
8. para protegerse
9. para llevarse bien con los conocidos

    Antes de incluir cualquier consejo en la lista todos tienen que estar de acuerdo que sea importante.

_____

_____

_____

_____

_____

_____

_____

_____

_____

_____

Después, presenten su lista a la clase. Ellos les dirán si están de acuerdo o no. Si no están de acuerdo, deben ofrecerles otro consejo.

M. Consejos académicos. Divídanse en grupos de tres estudiantes. El(La) profesor(a) les dará a dos estudiantes una tarjeta con la descripción del papel que deberán representar. El(La) tercero(a) escuchará, escribirá lo que dicen los otros dos, y presentará a la clase un resumen del contenido de la conversación.

resumen: _____

_____

_____

_____

_____

N. Teatro. Divídanse en parejas para preparar una pequeña representación de una situación en que alguien aconseja a otra persona la cual acepta algunos de los consejos y rechaza otros.

Algunas posibilidades son las siguientes.

1. consejero(a) y estudiante
2. abogado(a) y cliente
3. médico(a) y paciente
4. dependiente(a) y cliente
5. amigo(a) y otro(a) amigo(a)

6. padre e hijo(a)
7. madre e hijo(a)
8. novio(a) y novia(o)
9. profesor(a) y estudiante
10. otra posibilidad que se les ocurra

Tienen diez minutos para preparar una pequeña representación que dure de dos a tres minutos.

Mientras que presentan la escena, los demás deben tomar apuntes del contenido y las expresiones utilizadas.

Las expresiones que sirven para aconsejar y responder a los consejos de

otros: _____

_____

_____

_____

_____

O. Temas a discutir. Con otros dos compañeros, discute uno de los siguientes temas, y dale consejos a la persona descrita.

1. las causas de las tensiones en la vida contemporánea
   Parece que sufrimos de dolores de cabeza, tensión, alta presión en la sangre, preocupaciones, etc. Una persona que conoces sufre de todos estos males.
   a. ¿Por qué sufre de los males?
   b. ¿Qué puede hacer la persona para evitarlos?
2. el descontento entre los estudiantes
   Nos dicen que los estudiantes no se interesan por los estudios, que muchos usan drogas, que beben demasiado alcohol, que sube más y más el número de suicidios entre los jóvenes. Conoces a un(a) estudiante universitario(a) que toma cada vez más alcohol y drogas y no estudia nunca.
   a. ¿Cómo se puede explicar el descontento de este(a) estudiante?
   b. ¿Qué le recomiendas que haga para no perderse?
3. la tristeza de la soledad
   Un psicólogo ha dicho que uno de los problemas mayores en la sociedad contemporánea es la tristeza que ocasiona el sentimiento de soledad. Conoces

a un(a) estudiante universitario(a) bien deprimido(a).
   a. ¿Cuáles son algunas causas de su soledad?
   b. ¿Qué debe hacer él (ella)?
4. Otro tema de actualidad que les parezca importante.

P. El papel del hombre y de la mujer. Divídanse en grupos de tres para discutir el papel de la mujer como madre, ama de casa, esposa y mujer profesional y del hombre como padre, amo de casa, esposo y hombre profesional.

Primero, describan las experiencias de algunas personas que conocen. Segundo, discutan las recomendaciones que ustedes les darían a otras personas que piensan en lo que quisieran hacer en el futuro.

¿Quiero casarme? ¿A qué edad?

¿Quiero ser madre (padre)? ¿A qué edad?

¿Quiero ser ama (amo) de casa?

¿Quiero seguir una carrera profesional?

¿Quieres ponerte en contacto con amigos de todas partes? Simplemente envíanos tus datos condensados (utilizando el cupón que aquí te damos) y, si lo prefieres, también puedes enviar tu fotografía.

NOMBRE: _____
DIRECCION: _____
EDAD: _____
SIGNO ZODIACAL: _____
ESTUDIOS: _____
TRABAJO: _____
PASATIEMPOS: _____
El cupón puedes dirigirlo a:
LINEA DIRECTA
REVISTA TU
6355 N.W. 36th Street,
Virginia Gardens, Florida 33166
EE.UU.

Nombre: Jorge Olmedo.
Dirección: Entrega General, La Chorrera, Panamá, PANAMA.
Edad: 18 años.
Pasatiempos: Mantener correspondencia, intercambiar discos, y coleccionar postales, revistas, enciclopedias, estampillas, discos y fotografías.

Nombre: Patricia Estrada.
Dirección: Apartado Postal 30, Paracho, Michoacán 60250, MEXICO.
Edad: 19 años.
Signo zodiacal: Géminis.
Estudios: Contabilidad.
Pasatiempos: Coleccionar cartas de amistades.

Nombre: Mildred Valdiris.
Dirección: Tajamar A. Puente Monagas, No. 42-2, La Pastora, Caracas 1010, VENEZUELA.
Edad: 20 años.
Signo zodiacal: Aries.
Trabajo: Secretaria.
Pasatiempos: Leer, escuchar música, escribir, y tener muchos amigos y amigas sinceros.

Chico de 27 años desearía relaciones con chicas de 18 a 35. Apartado Correos 11.084. 28080 Madrid.

SOLTERO, 34 años, atractivo, culto, bien situado, independiente, desea relación fines matrimoniales con señorita soltera hasta 30 años, guapa, cultura universitaria o similar, alegre, comunicativa, resida zona Madrid. Abstenerse medianías y curiosas. No es agencia. Apartado 9.418. 28080 Madrid.

Agencia Matrimonial Nazareth. Seriedad, rapidez, economía. Peligros, 11. Madrid. ☎ 231 65 58.

HOMBRE de Holanda, cincuenta años. Desdeo encontrar una mujer delgada. Uno o dos niños, bienvenida. Tengo bien posición y vivo en Málaga. Mudar de casa, no problema. Cartas en español, holandés, inglés, alemán o tagalog. Número, este diario

Licenciado Matemáticas se relacionaría con chicas 24 a 29 años, fines matrimoniales. Escribir: Luis Gamilla. Príncipe Vergara, 122, séptimo-E. 28002 Madrid.

DIVORCIADO, 50 años, muy buena presencia, buen carácter, nivel económico social alto. Vivo en rancho (América). Deportista, medio vegetariano, gusta música, mar y viajar. Busco mujer guapa, educada, 25-38, sin hijos, parecidos gustos. Discreción. Fines matrimoniales. Directamente, Apartado 721. Santander.

Nuevo Horizonte. Agencia matrimonial. 10 años haciendo amigos. Nuevo Horizonte. Selección por vídeo.

Q. Entrevista a alguien que haya viajado al extranjero, y pídele consejos para viajar al extranjero.

los preparativos

1. ¿Qué documentos se necesitan para entrar y salir del país?
2. ¿Qué ropa y otros artículos se deben llevar?
3. ¿Cómo se puede llegar al país, y cuáles son las ventajas de cada forma de transporte?
4. ¿Qué se debe saber en cuanto al cambio de moneda?
5. ¿Qué se debe saber del país?
6. ¿Hay que hablar el idioma local?

viajar en el país

7. ¿Cómo se viaja de una ciudad a otra?
8. ¿Cómo se va de un lugar a otro dentro de la ciudad?
9. ¿Qué recomiendas para comer?
10. ¿Qué sugieres con respecto al alojamiento?
11. ¿Qué aconsejas para llevarse bien con la gente?
12. ¿Qué es importante tener presente cuando se va de compras?
13. ¿Qué lugares se deben visitar en el país?
14. ¿Qué le molesta más a la gente allí?

Toma apuntes sobre las respuestas, y presenta un resumen a la clase.

R. Busca una carta que pida consejos en un periódico de habla española, y trae una copia a clase. Léela a tus compañeros, y pídeles que preparen una respuesta (oral o escrita).

Después, comparen sus consejos con los del (de la) consejero(a) del periódico.

vocabulario palabras que quiero recordar

Capítulo 9

EXPRESSING AND REACTING TO FEELINGS
"¡*Animo, amigo!*"

AMISTAD
Y
NOVIAZGO

ESCUCHAR Y APRENDER
CONVERSACION 1

A. Tres estudiantes están de muy buen humor porque se terminan las clases. Escucha la grabación y anota las expressiones que se utilizan para expresar las emociones.

1. expresiones de alegría:

_____

_____

_____

2. expresiones de reacción:

_____

_____

_____

CONVERSACION 2

B. Tres amigos quieren ir al cine esta noche. Uno llega tarde. Escucha la conversación, y escribe las expresiones que se utilizan para expresar los sentimientos.

1. expresiones de descontento:

_____

_____

_____

2. expresiones de reacción:

_____

_____

_____

CONVERSACION 3

C. Dos amigos pasan un rato agradable hablando de las últimas novedades en el vecindario. Escucha la cinta, y apunta las expresiones apropiadas.

1. expresiones para comenzar un tema:

_____

_____

_____

_____

2. expresiones de sentimientos:

_____

_____

_____

3. expresiones de sorpresa:

_____

_____

_____

PALABRAS A REPASAR

D. Los sentimientos.   ¿Qué palabras asocias con cada uno de los siguientes sentimientos?

1. amor: _____

2. alegría: _____

3. preocupación: _____

4. cariño: _____

¿Qué dice la gente para expresar los sentimientos?

1. amor: _____

_____

2. alegría: _____

_____

3. preocupación: _____

_____

4. cariño: _____

_____

E. Comparaciones.   En grupos de a tres, compara lo que tú has escrito con lo que han escrito otros dos compañeros. Escribe algunas de sus expresiones.

1. amor: _____

2. alegría: _____

3. preocupación: _____

4. cariño: _____

F. ¡Qué bien!   Completa las siguientes oraciones en la página 130.

Modelo: Vas a ir de excursión con una amiga.

Tú: ¡Qué bien _____ no tener clases hoy! _____

Tu amiga: ¡Qué bien que _____ tú puedas acompañarme _____

1. Quieres que tu compañero no se ofenda porque no puedes salir con él esta noche.

   Tú: Siento mucho _____.

   El: Ojalá que _____.

2. No quieres que tu amiga se preocupe tanto por las notas.

   Tú: No importa _____.

   Ella: Sí, importa que _____.

3. Acabas de oír que Juana ha ganado una beca para seguir sus estudios de post-grado.

   Tú: Me alegro de que _____.

   Ella: Me alegro de _____.

4. La comida de la cafetería no les gusta ni a ti ni a tus amigos.

   Tú: Es terrible _____.

   Ellos: Es increíble que _____.

5. Carlos le dice a Carmen que quiere ser profesor.

   Carmen: Me sorprende que _____.

   Carlos: Es bueno _____.

6. Pablo ya no sale con Juana porque él se enfadó con ella.

   Tú: Es malo que _____.

   Su amigo: Es mejor que _____.

7. Lolita tiene ganas de teñirse el pelo de color rosado.

   Sus amigas: Es terrible _____.

   Su novio: Espero que _____.

8. Julio es tan miedoso.

   Su amigo: Tiene miedo de _____.

   Su compañero: Tiene miedo de que _____.

ENTRE NOSOTROS

G. Las expresiones corporales. Los sentimientos se expresan con el cuerpo tanto como con la voz. De la lista dada escoge la oración que corresponda a lo que podría decir la persona de cada foto.

1. _____

2. _____

3. _____

4. _____

A. Lo siento, pero no puedo hacer nada. Estoy muy cansada.

B. ¡No me digas! ¡Cuánto me alegro!

C. ¡Qué tristeza! ¡No sé qué voy a hacer!

D. ¡Ay! Tengo tanto miedo de lo que me van a decir.

H. Las expresiones faciales. También, se ven los sentimientos en la cara. ¿Qué oración corresponde al sentimiento que ves en la cara de las personas en las fotos?

1. _____   2. _____

_____   _____

3. _____   4. _____

_____   _____

A. ¿Qué puedo hacer? Tengo tantos problemas.
B. ¡Mira! ¡Por fin ella se fija en mí!
C. ¡Cuánto me duele!
D. ¡Qué bien! ¡Felicitaciones!

1.

2.

3.

4.

EXPRESIONES QUE SIRVEN PARA EXPRESAR COMPASION

¡Pobre hombre (mujer)!	Poor man (woman)!
¡Pobrecito(a)!	Poor thing!
Siento mucho . . .	I'm very sorry . . .
Lo siento mucho.	I'm very sorry.
¡Qué mala suerte!	What bad luck!
¿Qué podemos hacer?	What can we do?
¡Qué lástima!	What a pity!
¡Qué pena!	What a pity!

EXPRESIONES QUE SIRVEN PARA EXPRESAR SORPRESA

¡Estupendo!	Wonderful!
¡Magnífico!	Magnificent!
¡Qué sorpresa!	What a surprise!
¡Eso es increíble!	That's incredible!
¡No me digas!	You don't say!
¡Qué suerte!	What luck!
¿De verdad (veras?)	Really?
¡Imagínate!	Imagine (that)!
¡Qué bien!	How nice!

EXPRESIONES QUE SIRVEN PARA EXPRESAR ENFADO:

¡Por Dios!	For goodness sake!
No puedo más.	I can't take any more.
Eso me enfada muchísimo.	That makes me very angry.
Me enfado . . .	I'm annoyed . . .
Me molesta que . . .	It bothers me that . . .

EXPRESIONES QUE SIRVEN PARA EXPRESAR DISGUSTO

¡Ay de mí!	Oh my!
Siempre me pasa lo mismo.	It's always the same thing.
¿Qué voy a hacer?	What am I going to do?
Esto no puede ser.	This can't be.
Siempre con excusas.	Always with an excuse.

I. Buenas y malas noticias. Formen grupos de dos. Lee en voz alta el trozo dado de una carta que supuestamente has recibido. Tu compañero(a) dirá algo apropiado para expresar sus reacciones a las noticias que has recibido.

1. ¡Qué día más horrible! Esta mañana me caí y se me rompieron los anteojos! En clase no pude ver la pizarra ni escribir nada. Después, manejaba al centro cuando choqué con otro auto. El policía se dió cuenta de que no podía ver nada, y ahora tengo que pagar una multa.

2. ¿Recuerdas ese estéreo que querías tanto? No lo compraste porque costaba un dineral. Pues, te lo compré esta tarde como regalo de cumpleaños.

3. Dile a tu amigo que Juana no viene conmigo este fin de semana. Tenía muchas ganas de salir con él, pero está muy enferma.

4. Sentimos informarles que no podemos instalar el teléfono que ustedes pidieron la semana pasada hasta dentro de seis meses. Estamos muy ocupados, pero les prometemos que lo instalaremos tan pronto como podamos. Gracias.

5. Hemos inspeccionado con muchísimo cuidado su cuarto. Todo está desarreglado, la estufa y el refrigerador están bien sucios, y hay dos ventanas rotas. Ustedes tienen que pagarnos doscientos dólares para limpiar y reparar todo.

6. Tu padre y yo hemos leído muchas veces tu carta. Comprendemos que estás muy cansado de estudiar, pero te aconsejamos que sigas tus estudios. Debes pensar en tus amigos allí y en tu futuro.

J. El juego de mímica.   Vamos a jugar mímica hoy en clase. Imagínate una escena en que se expresa un sentimiento. Piensa en las acciones y en la expresión facial apropiadas para representarla.

En clase, los otros compañeros van a

1. presenciar tu actuación.
2. adivinar el tipo de sentimiento que estás expresando.
3. decir algo apropiado para responderte a ti y a la situación en que pretendes estar.

> Modelo: Alguien representa un niño que llora. Un miembro de la clase adivina que es un niño que llora. Una persona dice, "Cálmate, niño. No llores."

K. ¡No me digas!   ¿Qué se puede decir en las siguientes situaciones? En grupos de tres o cuatro estudiantes, piensen en la situación y en los sentimientos de las personas y denles tantas respuestas como puedan. Apunta las más útiles.

> Modelo: Tu mejor amigo está muy contento. Acaba de decirte que va a casarse pronto.

respuestas serias:
¡Magnífico!
¡Cuánto me alegro!
Mucha suerte, amigo.
¡Qué sean muy felices!

respuestas chistosas:
¡No me digas! ¿Cómo es posible?
¡Qué lástima, chico!
Es bueno que seas tú y no yo.
Es increíble que pienses hacer algo tan tonto.

1. Tu amigo es un estudiante serio. La semana pasada estudió mucho para un examen importante. Acabas de verlo, y recibió una mala nota.

_____

_____

_____

2. Hace mucho tiempo que tu amiga quiere estudiar en el extranjero. Acaba de recibir una carta de sus padres con la buena noticia que le van a dar el dinero para pasar un año en España.

_____

_____

_____

_____

3. Tu amigo sale dentro de una semana para estudiar un semestre en México. Quiere ir, pero también se da cuenta de que va a echar de menos a sus amigos. También, está nervioso porque no sabe lo que le va a pasar allí.

_____

_____

_____

_____

4. Tu vecino está enfadado. Compró una secador de pelo, pero no funcionó. Quiso devolverlo pero el gerente del almacén le dijo que era responsabilidad suya y que no le devolvería el dinero.

_____

_____

_____

5. Hace muchos meses que tus padres están muy preocupados porque tu hermano y su esposa pensaban divorciarse. Hoy están más contentos que nunca porque recibieron la buena noticia de que ya se contentaron y no van a divorciarse.

_____

_____

_____

6. Tu amigo piensa que es muy afortunado. Tiene muchos amigos, sabe lo que quiere hacer después de graduarse, ya tiene empleo y tiene una novia que lo quiere.

_____

_____

_____

7. Tu profesor(a) te ayuda con la química, que te cuesta mucho trabajo. Sabes que no podrías aprender ni comprender esta materia sin su ayuda.

_____

_____

_____

_____

8. Conoces a un político que fue eligido recientemente como representante en el congreso. Crees que es un hombre honrado, sensato, y razonable, y estás contento(a) con los resultados de las elecciones.

_____

_____

_____

_____

SITUACIONES

L. Una historia.   Relata una historia a un(a) compañero(a). El (Ella) te va a responder para que sepas sus reacciones mientras hablas. Puedes escoger una historia verdadera o una imaginaria, y puede ser chistosa, triste, emocionante, etc. —una historia sobre cualquier tema que sepas bien. Por ejemplo: algo que pasó durante las vacaciones; una anécdota predilecta de tu familia; un día de fiesta que recuerdes bien.

M. Teatro.   Con unos compañeros prepara una escena emotiva de una telenovela para representar en clase. La escena debe durar unos cinco minutos y presentar un problema de mucha importancia para los personajes.

Al fin de esta primera presentación el (la) profesor(a) escogerá a otro grupo de actores para representar una escena improvisada en la que se resuelve el problema.

N. Telenovelas.   Parece que las telenovelas son muy populares en todos los países, pero también ocasionan controversias. Algunos casi no pueden vivir sin ver su telenovela todos los días, y a otras personas les parece ridículo malgastar tanto el tiempo.

Filman una escena de una telenovela.

Divídanse en grupos de tres o cuatro para discutir los sentimientos presentados en las telenovelas y los sentimientos de los televidentes.

Antes de empezar, escojan un(a) moderador(a) y un(a) secretario(a). El (La) moderador(a) debe dirigir la discusión y debe asegurar que todos digan algo. El (La) secretario(a) debe tomar apuntes y hacer un resumen breve al resto de la clase.

Pueden pensar en las siguientes preguntas y otras que se les ocurran.

1. ¿Cuáles son los sentimientos predominantes en las telenovelas?
2. ¿Quiénes miran las telenovelas?
3. ¿Por qué las miran?
4. ¿Cómo los influyen?

FUERA DE CLASE

O. Inviten a una(s) persona(s) de habla española para que les hable(n) sobre las costumbres del noviazgo en su país.

1. Primero, en grupos de tres o cuatro decidan qué quieren saber y preparen preguntas sobre estos temas.

   a. los adolescentes

   _____

   _____

   _____

   b. los novios

   _____

   _____

   _____

   c. los prometidos

   _____

   _____

   _____

   d. la boda

   _____

   _____

   _____

   e. los diferentes papeles en el matrimonio

   _____

   _____

   _____

   _____

2. Inviten a la persona y denle las preguntas con antelación. (No se olviden de pedirle que incluya otros temas que le parezcan importantes.)
3. Durante la charla apunten los datos más importantes. Noten las reacciones de sus compañeros de clase.

4. Escuchen bien, y preparen una lista de las palabras y expresiones que utiliza el invitado mientras decide lo que va a decir.

P. Busca un artículo en un periódico o una revista de habla hispana sobre el amor, la amistad, o el noviazgo. Escribe un resumen del artículo, y preséntalo oralmente en clase.

Q. Mira con atención un episodio completo de una telenovela en español y en cada escena describe lo siguiente.

1. qué personajes salen y las relaciones entre ellos

_____

_____

2. los principales sentimientos expresados

_____

_____

3. cómo expresan esos sentimientos con sus acciones

_____

_____

En clase busca a los compañeros que vieron la misma telenovela y comparen impresiones.

vocabulario palabras que quiero recordar

EXPRESSING AND RESPONDING TO OPINIONS
"*Pues, a mi parecer . . .*"
LOS GUSTOS
Y
LAS OPINIONES

ESCUCHAR Y APRENDER
CONVERSACION 1

A. Tres estudiantes hablan de lo importante que es tener una computadora. Escucha la grabación y anota las expresiones apropiadas.

1. expresiones de contento: _____

_____

_____

_____

2. expresiones de duda: _____

_____

_____

_____

CONVERSACION 2

B. Dos amigos hablan de la música que les gusta más. Escucha la conversación y toma apuntes.

1. opiniones de uno: _____

_____

_____

_____

2. opiniones del otro: _____

_____

_____

_____

CONVERSACION 3

C. Dos amigos hablan de la televisión. A uno le gusta mucho. Al otro no le gusta tanto. Escucha la cinta y escribe las expresiones utilizadas.

1. expresiones de gusto: _____

_____

2. expresiones de disgusto: _____

_____
_____
_____

PALABRAS A REPASAR

D. Categorías de vocabulario. Escribe cuántas palabras puedas bajo cada categoría.

la música _____

popular

_____
_____
_____

los pasatiempos _____

dar un paseo

_____
_____
_____

Boy George

La estrella de una estrambótica figura del 'pop'

GABRIELA CAÑAS

Dicen que a los 15 años Boy George se tiñó el pelo de color naranja y lo echaron del colegio. Su padre, resignado, comentó en una ocasión a la Prensa que desde muy pequeño su hijo sentía la necesidad de vestirse de modo diferente del resto. Después, ya de mayorcito, eligió la música *pop* como forma de vida; una acertada elección, sin duda, porque el *pop* es el negocio más sensible a todo tipo de excentricidades e iniciativas estrafalarias. Ya lo hicieron otros antes que él y les dio resultado. Unos se vistieron de payaso; otros, de mujer; unos quemaron su guitarra, y otros se bajaron la bragueta. Boy George consiguió acaparar la atención de su auditorio luciendo la más estrambótica imagen hasta entonces conocida.

Quizá las canciones de Culture Club, en general sosas y *blanditas*, no perduren en el recuerdo de sus seguidores, pero es difícil olvidar a un grupo cuya imagen es la de Boy George. La imagen más recargada, más *kitsch* del *pop* mundial. Boy George eclipsó desde el principio a su grupo vestido como una macarena, lleno de trenzas, de sombreros, de lazos; maquillado hasta las orejas. Inconfundible George, inolvidable chico que se declara "muy masculino" y que ha ocupado un puesto entre las 10 mujeres peor vestidas del mundo.

Boy George.

los programas de televisión

telenovelas

_____

_____

_____

_____

_____

las películas

ciencia ficción

_____

_____

_____

_____

_____

los deportes

béisbol

_____

_____

_____

_____

_____

los cursos

filosofía

_____

_____

_____

_____

_____

la comida

hamburguesas

_____

_____

_____

_____

_____

la última moda

zapatos de trotar

_____

_____

_____

_____

_____

E. Me gusta . . .   Ahora escoge una palabra de cada categoría del Ejercicio D que te guste y otro que no te guste y completa las siguientes oraciones. (Favor de escribir tantas palabras o frases como puedas para describir cada categoría.)

1. Me gusta la música _____ por que es _____

   _____.

   No me gusta la música _____ porque es _____

   _____.

2. Con respecto a los pasatiempos, prefiero _____ porque

   es _____.

   Nunca _____ porque es _____

3. Entre los programas de televisión _____ es mi

   predilecto porque es _____.

   No miro _____ porque es _____

4. Con respecto a las películas, soy aficionado(a) a _____

   porque son _____ .

   No soy aficionado(a) a _____ porque son _____

   _____ .

5. Hablando de los deportes, a mi parecer _____ es _____ .

   No me paresente interesante _____ porque es _____

   _____ .

6. Mi curso predilecto es _____ porque es _____

   _____ . _____ no me

   interesa nada porque es _____ .

7. Como mucho _____ porque es _____

   _____ . Nunca como _____

   porque es _____ .

8. Actualmente se lleva _____ porque es _____

   _____ . No me gusta llevar

   _____ porque es _____ .

F. Comparaciones.   Compara tus palabras y frases con las de dos compañeros.
De las que han escrito, escribe abajo las que te parezcan más útiles.

1. la música: _____

   _____

2. los pasatiempos: _____

   _____

3. los programas de televisión: _____

   _____

4. las películas: _____

   _____

5. los deportes: _____

   _____

6. los cursos: _____

   _____

7. la comida: _____

   _____

8. la última moda: _____

   _____

EXPRESIONES QUE SIRVEN PARA INDICAR TUS PREFERENCIAS

Me gusta (mucho) . . .	I like . . . (a lot).
Me interesa . . .	I'm interested in . . .
Me encanta . . .	I love . . .
Me parece . . .	I think . . . (It seems to me)
Prefiero . . .	I prefer . . .
Me parece absurdo (tonto)	It seems absurd (silly) to me.
No me gusta . . .	I don't like . . .
Odio . . .	I hate . . .
¡Tonterías!	Foolishness!
Depende.	It depends.
A veces.	Sometimes.
De vez en cuando.	From time to time.
Así, así.	So-so.

EXPRESIONES QUE SIRVEN PARA EXPRESAR ACUERDO

¡De acuerdo!	Agreed!
Yo (A mí), también.	Me, too.
Yo (A mí), tampoco.	Me, neither.
Lo mismo creo yo.	I feel the same way.
Es verdad (cierto), ¿no?	That's true, isn't it?
¡Y con razón!	Right!
Vale.	O. K.
¡Por supuesto!	Of course!

EXPRESIONES QUE SIRVEN PARA EXPRESAR DESACUERDO

A mí no. (Yo no.)	Not me.
No estoy de acuerdo.	I don't agree.
No creo que . . .	I don't believe that . . .
Eso no es razonable.	That's not reasonable.
¿De eso? Tonterías.	That? Foolishness.
No importa (que) . . .	It's not important (that) . . .
A mi parecer . . .	In my opinion . . .

EXPRESIONES QUE SIRVEN PARA REACCIONAR A LAS OPINIONES DE OTROS

Yo (A mí), no.	I don't.
Yo (A mí), sí.	I do.
Ya lo creo.	I should say so.
Absolutamente.	Absolutely.
Claro que sí (no).	Of course (not).
(No) Tienes razón.	You're right (wrong).
(No) Es justo.	It's (not) fair.
Es que . . .	The fact is that . . .
¿Por qué dices eso?	Why do you say that?
¿Cómo puedes decir eso?	How can you say that?
¡No hablas en serio!	You're not serious!
¡Qué idea más rara!	What a strange idea!
(No) Está bien.	That's (not) O. K.

G. De acuerdo o no. Da una expresión de acuerdo o de desacuerdo según el contexto.

Modelo: Bruce Springsteen va a dar un concierto en la universidad.

El profesor de música: ¡No debes malgastar tu tiempo así!

Los estudiantes: ¡Bruce Springsteen es un artista increíble!

1. Lupe y Gregorio experimentan la comida típica de la India.

   Lupe: Me fascina como mezclan las especias en la comida.

   Gregorio: _____

2. El candidato habla de sus planes para el futuro de la ciudad.

   Adela: _____

   Beatriz: ¿Cómo puedes decir eso? ¡Son tonterías!

3. José y Pili miran un cuadro de Picasso.

   José: _____

   Pili: Al contrario, yo lo encuentro anticuado.

4. Juanita lleva su nuevo vestido de París.

   Roberto: ¡Es increíble! Ella no debe gastar tanto dinero en la moda.

   Carmen: _____

5. IBM le ofreció a Rodrigo un sueldo de treinta mil dólares al año, pero él decidió seguir con los estudios de post-grado.

   Paco: _____

   Su padre: No lo puedo creer. No se da cuenta de lo difícil que es conseguir un empleo tan bueno.

6. La profesora de español cree que todos deben estudiar por lo menos dos idiomas durante cuatro años.

   Fernando: Buena idea. Estoy completamente de acuerdo.

   Caterina: _____

7. Debe haber vacaciones de otoño así como las de primavera.

   Los estudiantes se cansan mucho durante las largas semanas del otoño.

   Los estudiantes: _____

   Los profesores: ¡Qué va! Ya tienen demasiadas vacaciones.

8. Pepe toma seis vitaminas distintas cada día.

   Paco: Yo también. Me parece muy razonable.

   Juan: _____

H. Reacciones. Un(a) compañero(a) hará el papel de las siguientes personas. Responde a lo que dice expresando tus sentimientos.

1. Un(a) compañero(a) de clase: Me gusta mucho la clase de matemáticas. Es muy interesante.

   Tú: _____

2. Un amigo: ¡Qué grupo más original es "El Desastre"!

   Tú: _____

3. Tu novio(a): Esa película debe de ser muy interesante.

   Tú: _____

4. Tu compañero(a) de cuarto: Me interesa muchísimo la ciencia ficción.

    Tú: _____

5. Tu padre: ¡Me encanta la música clásica!

    Tú: _____

6. Una amiga: ¡Qué malo tener clase cuando hace buen tiempo!

    Tú: _____

7. Un profesor: Por mi parte no soy muy aficionado a los deportes.

    Tú: _____

8. La dentista: Me sorprende que no te limpies mejor los dientes.

    Tú: _____

9. Tu madre: Creo que debes dormir más.

    Tú: _____

10. Tu compañero(a) de cuarto: ¡Cuánto me gusta dormir hasta el mediodía!

    Tú: _____

memom

EXPRESIONES UTILES PARA PEDIR OPINIONES

¿Qué crees?	What do you think?
¿Qué te parece . . . ?	How does . . . seem to you?
¿Qué opinas?	What's your opinion?
¿Qué piensas?	What do you thing?
¿Cuál prefieres?	Which do you prefer?
¿Te gusta . . . ?	Do you like . . . ?
No . . . , ¿verdad?	It's not . . . , right?
. . . , ¿no?	It's . . . , isn't it?

I. Opiniones.   Escoge unos temas de la lista y habla con un(a) compañero(a). Pídele su opinión acerca de diferentes preguntas y responde a lo que dice según tu propia opinión. Tu compañero(a) también te debe hacer preguntas.

1. las películas extranjeras
2. la música de Bach
3. las ciudades grandes
4. los restaurantes
5. la energía nuclear
6. el viajar
7. las computadoras
8. el terrorismo
9. los programas bilingües en las escuelas
10. La igualdad de empleos ("Affirmative Action")

SITUACIONES

J. ¿Cómo vamos a divertirnos este fin de semana?   Formen grupos de cuatro estudiantes, y hagan planes para el fin de semana. Todos deben expresar sus opiniones y reaccionar a las de los demás, pero el objetivo es escoger algo que todos quieran hacer. Después, háganle al resto de la clase un resumen de lo que intentan hacer.

ejemplos:
Si quieres, puedes usar estas preguntas y respuestas.

¿Qué podemos hacer?

¿Sabes qué . . . ?

¿Has oído que . . . ?

¿Por qué no . . . ?

A mí me gustaría . . .

Se dice que . . .

Por la noche habrá . . .

La fiesta es . . .

Sin duda podemos . . .

Sería mejor (posible) . . .

K. Un buen pasatiempo. ¿Cuáles son las cosas que nos atraen más en un buen pasatiempo? Discute esto con un(a) compañero(a). El objetivo es examinar y anotar, en orden de importancia, del más al menos importante, los aspectos que se enumeran a continuación. Los dos tienen que ponerse de acuerdo antes de presentar la lista al resto de la clase.

1. el estímulo intelectual
2. los beneficios físicos
3. los costos
4. si lo hace solo o con amigos
5. si lo hace dentro o al aire libre
6. si es una actividad difícil o fácil
7. si requiere habilidades poco comunes
8. si es necesario practicar mucho
9. si es algo de última moda

> Modelo: —A mí parecer lo más importante es el precio.
> —¡Qué va! A mí me importan más los beneficios físicos.
> —Bueno. Los beneficios físicos sí son importantes, pero si uno no puede pagar, ¿qué importan los beneficios físicos?
> —Pues, si no me gusta, no lo hago. etc. etc.

L. A discutir un tema. Divídanse en dos grupos, uno en favor y otro en contra de uno de los siguientes temas. Cada grupo debe hacer una lista de las razones que apoyan su posición. Luego, deben preparar una presentación oral de tres minutos en que un(a) representante del grupo explica por qué están en favor o en contra del tema.

Después de estas presentaciones iniciales, tres miembros de cada grupo tienen dos minutos para responder a los razonamientos del otro grupo. Finalmente, todos los demás deben decir por qué están en favor o en contra del tema.

1. El uso de drogas ilegales: El gobierno debe permitir a todos comprar legalmente cualquier droga.
2. Los inmigrantes ilegales: El gobierno debe cerrar las fronteras para que no entre nadie ilegalmente en los Estados Unidos.
3. El estudio de idiomas modernas en los Estados Unidos: El gobierno debe exigir o recomendar que todos los estudiantes sigan cursos de lenguas modernas desde el tercer año de la escuela primaria hasta el último año de la escuela secundaria.
4. Los exámenes y las notas: No debe haber exámenes ni notas en los cursos.
5. El castigo: Se debe prohibir que los padres castiguen a sus hijos.
6. Otro tema que les interese.

"¿Cómo puedes decir eso?" "Eso no es razonable."

FUERA DE CLASE

M. Entrevista a alguien que sea de un país de habla española, y pídele su opinión sobre los siguientes aspectos de los Estados Unidos. ¿Qué le gusta más? ¿Qué le gusta menos?

1. la gente
2. los jóvenes
3. el sistema de educación
4. la política
5. las tiendas
6. los deportes
7. el trabajo
8. la comida

Guarda los apuntes, o la cinta si puedes hacer una grabación de la conversación, y comparte lo que aprendas con el resto de la clase.

Escribe también las palabras y expresiones que utiliza el (la) entrevistado(a) para expresar sus opiniones y para indicar una pausa para pensar.

N. Llama a otros tres estudiantes de español, y hazles preguntas sobre sus costumbres con respecto a los siguientes temas. El objetivo es averiguar las opiniones del (de la) entrevistado(a) sobre lo que es saludable y lo que es dañino y sus costumbres.

1. el dormir
2. el hacer ejercicio
3. el comer
4. el pensar
5. el tomar bebidas alcohólicas

Según las respuestas, ¿crees que las costumbres de los estudiantes confirman tus opiniones sobre lo que es saludable y lo que es dañino? Discute los resultados de tu investigación con tus compañeros.

vocabulario palabras que quiero recordar

Capítulo 11

ARGUING AND FIGHTING BACK
"¿*T*engo razón o no?"

ESTAR
EN
DESACUERDO

ESCUCHAR Y APRENDER
CONVERSACIÓN 1

A. Dos compañeros se enfadan porque uno quiere estudiar y otro quiere escuchar música. Escucha la grabación y escribe las expresiones que se utilizan para discutir y defenderse.

1. expresiones para pedir algo: _____

    _____

    _____

    _____

2. expresiones para culpar y criticar: _____

    _____

    _____

    _____

3. expresiones para contestar y defenderse: _____

    _____

    _____

    _____

CONVERSACIÓN 2

B. Una chica quiere ir a bailar, pero su papá no le da permiso. Escucha la cinta y apunta las expresiones apropiadas.

1. expresiones para pedir: _____

    _____

    _____

    _____

2. expresiones para negar: _____

    _____

    _____

    _____

3. expresiones para convencer: _____

_____

_____

_____

CONVERSACION 3

C. Una señora quiere comprar un horno de microonda inmediatamente. Escucha la conversación y toma apuntes.

1. expresiones para preguntar: _____

_____

_____

_____

2. expresiones para explicar: _____

_____

_____

_____

3. expresiones para quejarse: _____

_____

_____

_____

4. expresiones para defenderse: _____

_____

_____

_____

_____

PALABRAS A REPASAR

D. Disputas. Haz una lista de algunas cosas sobre las cuales discuten las siguientes personas.

1. los compañeros de cuarto

_____

_____

_____

2. un matrimonio

_____

_____

_____

3. unos amigos

_____

_____

4. los novios

_____

_____

5. los padres e hijos   6. los hermanos

_____   _____

_____   _____

_____   _____

E. Críticas.   Lee los siguientes trozos de historietas, y subraya las expresiones usadas en ellas para criticar a otra persona y las que se usan para defenderse.

F. Acusaciones. Alguien te acusa de algo. ¿Qué sabes decir para defenderte? Escribe por lo menos tres respuestas. Después, compara tus respuestas con las de otro(a) estudiante y escribe las respuestas que él (ella) ha escrito.

1. Dime la verdad: te llevaste mi suéter, ¿no?.

_____

_____

_____

2. El estéreo está roto. Tú tienes la culpa, no yo.

_____

_____

_____

3. Tú nunca limpias tu cuarto.

_____

_____

_____

4. No debes hablar de la política. No sabes lo que dices.

_____

_____

_____

G. ¿Qué dirías? Con un compañero(a) piensen en las siguientes situaciones, y escriban lo que dirían a la(s) persona(s).

1. Crees que tus padres no te dan bastante dinero.

_____

_____

_____

2. Sales con tu novio(a), que quiere ir al cine. Tú quieres ir a un club para bailar.

_____

_____

_____

3. Tienes una radio portátil que no funciona, pero el gerente no quiere permitirte cambiarlo por otra.

_____

_____

_____

4. Quieres que tu compañero(a) te ayude con la tarea de física, pero no quiere hacerlo.

_____

_____

_____

5. Has pedido al (a la) profesor(a) de español que te dé permiso para esperar una semana antes de presentar el examen, pero no quiere que esperes.

_____

_____

_____

Comparen lo que tú y tu compañero(a) han escrito con lo que han escrito otros dos estudiantes. Escriban algunas de las expresiones usadas en relación con los siguientes temas:

para defenderse: _____

_____

_____

_____

para acusar o criticar: _____

_____

_____

_____

_____

_____

ENTRE NOSOTROS

memome

EXPRESIONES QUE SIRVEN PARA ACUSAR A ALGUIEN

La culpa es tuya.	It's your fault.
Tú no me comprendes.	You don't understand me.
Lo que me molesta es . . .	What bothers me is . . .
¡Tú no me escuchas!	You don't listen to me.
¡Qué poco considerado eres!	How inconsiderate you are!
¿Me estás acusando de mentirosa?	Are you accusing me of being a liar?
Estás portándote de una forma muy impertinente.	You are behaving in a very impertinent manner.

EXPRESIONES QUE SIRVEN PARA DEFENDERSE

¡Yo no!	Not me!
No es verdad.	That's not true.
Es verdad, pero . . .	That's true, but . . .
¿No me comprendes?	Don't you understand me?
Yo no tengo la culpa.	It's not my fault.
No sabes lo que dices.	You don't know what you're saying.
¿Es que yo no tengo derecho a . . .?	Is it that I don't have a right to . . .?
¿Qué quieres decir?	What do you mean?

H. Acusar. Con un(a) compañero(a), inventa una acusación según el sentido de la defensa dada.

"Raúl dice que eres impertinente." "¡Qué me importa!"

1. _____

   Pero yo no tengo la culpa.

2. _____

   Es verdad, pero no entiendes exactamente cómo ocurrió.

3. _____

   ¡Yo! ¡Nunca!

4. _____

   ¡No sabes lo que dices!

5. _____

   No te enfades. No pasó nada.

6. _____

   Pero, ¿por qué?

7. _____

   ¿Es que no me permites ni hablar con mis amigos?

8. _____

   Estoy harta de tus quejas.

9. _____

   Pues, ¿qué sé yo?

10. _____

   ¡Por Dios! ¿No tengo yo derechos, también?

I. Conversaciones. ¿Qué se diría en las siguientes situaciones? Con un(a) compañero(a) completa las conversaciones.

1. Tú quieres ser artista, y tu padre quiere que seas abogado(a).

   Tú: Papá, no quiero ser abogado(a). Prefiero estudiar arte.

   Tu padre: _____

   Tú: _____

2. Tú quieres conocer a un joven de tu clase de inglés, pero tu compañero(a) no quiere presentártelo.

   Tú: ¡Qué va, hombre! ¿Por qué no quieres presentármelo?

   Tu compañero(a): _____

   Tú: _____

3. Tu amigo(a) y tú toman un curso muy difícil este semestre. Este curso te cuesta mucho trabajo. Quieres que tu amigo(a) te ayude, pero no lo quiere hacer.

   Tú: ¡Qué clase más difícil! ¿Me podrías ayudar?

   Tu amigo(a): _____

   Tú: _____

4. Te quejas porque no puedes encontrar algo en un almacén, pero al (a la) dependiente(a) no le parece justa la queja.

   Tú: ¡Qué lío! No se puede encontrar nada en este almacén. ¿No quieren ayudar a los clientes?

   El (La) dependiente(a): _____

   Tú: _____

5. Hablas de algo que le pasó a tu hermana cuando era niña, pero ella no lo puede creer.

   Tú: Pues bien. Lo recuerdo claramente. Escribiste en la pared. Mamá estaba furiosa.

   Tu hermana: _____

   Tú: _____

6. Intentas ir al centro para comprar algo, pero tu amigo(a) no tiene ganas de ir de compras.

   Tú: Anímate, chico(a). Acompáñame al centro. Quiero comprar unos zapatos.

   Tu amigo(a): _____

   Tú: _____

7. Te parece mejor vivir en un apartamento, pero tu compañero(a) prefiere vivir en una residencia estudiantil.

Tú: Creo que debemos buscar un apartamento cerca de la universidad.

Tu compañero(a): _____

Tú: _____

8. Tu novio(a) cree que sería mejor casarse pronto, pero tú quieres esperar dos o tres años.

Tú: Comprendo que te parece mucho tiempo, pero lo mejor es esperar un poco.

Tu novio(a): _____

Tú: _____

J. ¿Cuándo dices eso? Entrevista a un compañero de clase haciéndole las siguientes preguntas sobre las discusiones, los desacuerdos, y las peleas.

1. ¿En qué circunstancia dirías a tu compañero . . .?

   a. Eso me enfada.

   _____

   b. ¿No sabes que eso me molesta mucho?

   _____

2. ¿Qué pasa cuando le dices a tu mejor amigo . . .?

   a. Lo que me molesta más es que tú . . .

   _____

   b. Lo siento, pero no comprendo por qué tú siempre . . .

   _____

3. ¿Cuándo le diría una esposa a su esposo . . .?

   a. No puedo más. Déjame en paz. Eso no me interesa.

   _____

   b. Déjalo. ¿Por qué insistes en hacerlo?

   _____

— Tome Peruzi, este era usted.
Ahora, ¿qué dice Peruzi?

4. ¿Qué le pasa a un novio que le dice a su novia . . .?

    a. ¿No comprendes que no me gusta eso?

    _____

    b. Estoy harto de eso.

    _____

5. ¿En qué situaciones dirían los hermanos . . .?

    a. No lo hagas otra vez.

    _____

    b. No sabes lo que dices.

    _____

6. ¿Cuándo dirían los padres . . .?

    a. ¡Qué barbaridad! No lo creo.

    _____

    b. Eso no se permite por aquí. Hay que dejar de hacerlo.

    _____

K. Me siento . . . Fórmense grupos de cuatro o cinco estudiantes. El (La) profesor(a) le entregará una tarjeta a un(a) estudiante de cada grupo. Este(a) leerá la tarjeta mientras los otros miembros del grupo escuchan y responden a las siguientes preguntas.
¿Cómo me sentiría yo?
¿Qué diría yo?

SITUACIONES

L. Representar papeles. Pónganse en grupos de tres estudiantes. El (La) profesor(a) dará a cada grupo una tarjeta con una situación para dos personajes. Estudien bien la situación y discutan qué cosas se podrían decir. Luego un(a) estudiante toma el papel de un personaje, otro(a) estudiante toma el papel del otro personaje y el (la) tercer(a) estudiante toma apuntes. El (La) que escucha y toma apuntes debe relatar al resto de la clase lo que dijeron sus compañeros.

    Para asegurarte de que hayas comprendido bien, practica la técnica de repetir lo que el otro ha dicho con tus propias palabras.

M. ¿Qué pasó? El profesor te dará una tarjeta con información que usarás para hablar con un compañero. Trata de averiguar lo que piensa. Aunque no estén de acuerdo al principio, deben tratar de ponerse de acuerdo antes de terminar la conversación.

N. Telenovelas. Con dos compañeros prepara una escena para una telenovela. Debe tratar de un tema de amor. Naturalmente incluye por lo menos a tres personas: El típico triángulo. Como siempre, nadie sabe con seguridad lo que piensan los demás. Pero se imaginan que lo saben, y quieren que los demás les den la razón.
Representen la escena en clase.

EN ESTE NÚMERO

Las minorías
esperan que Fraga
pierda el estatuto
de jefe de
la oposición
Página 2

Miguel Boyer pide al Gobierno que liberalice la economía

LA LUCHA CONTRA EL TERRORISMO

Negociación es la clave

El Grupo de los Seis se propone acabar con las pruebas nucleares

Los países de la
Commonwealth se
distancian de Londres
en el conflicto
con Suráfrica
Página 16

O. ¿A favor o en contra? Piensa en la posibilidad de estar a favor o en contra de las siguientes cuestiones.

1. El gobierno debe iniciar un programa de ayuda económica para estudiantes universitarios. Estos recibirán dinero suficiente para pagar todos sus gastos durante su estadía en la universidad, pero al graduarse tendrán que devolverle al gobierno todo el dinero que recibieron.

2. Los padres con hijos desobedientes deben ser severos. Si los hijos no obedecen, hay que echarlos de casa y no permitirles volver hasta que cambien.

3. La universidad debe establecer un sistema de instrucción en que no hay requisitos para graduarse ni exámenes en los cursos.

4. Debemos prohibir la pena de muerte.

5. Escojan ustedes otro tema que les interese más.

Formen un grupo que esté a favor y otro que esté en contra del tema escogido. Expliquen y discutan por qué toman una posición u otra, y escriban las razones.

Escojan a un(a) estudiante para hacer la presentación inicial y a otro(a) para presentar la conclusión al final del debate. Los otros compañeros deben estar preparados para responder a lo que digan los del otro grupo.

FUERA DE CLASE

P. Pide a alguien que sea de un país de habla española que te relate anécdotas sobre discusiones, desacuerdos o peleas entre las siguientes personas.

1. padre e hijo
2. madre e hija
3. un matrimonio
4. el abuelo y otro miembro de la familia
5. dos novios
6. dos hermanos
7. dos amigos
8. un empleado y un cliente

Q. Busca un artículo en las revistas o los periódicos de habla española en la biblioteca en el que el (la) autor(a) critique, se queje, o se defienda de algo. Haz un resumen para el resto de la clase.

R. Busca en periódicos o revistas en español caricaturas o tiras cómicas que traten de situaciones en las que hay un desacuerdo entre los personajes. Tráelas a clase sin el texto escrito. Muéstralas a tus compañeros para ver si pueden inventar un diálogo apropiado. Al final, enséñales el texto original.

vocabulario palabras que quiero recordar

Capítulo 12

MANAGING A DISCUSSION
"*En fin, creo . . .*"
HABLAR

ESCUCHAR Y APRENDER
CONVERSACION 1

A. Un grupo de personas de habla española conversan de su tierra y de los Estados Unidos. Escucha la grabación y escribe las expresiones que se utilizan para participar en la conversación.

1. expresiones para indicar que uno tiene algo que decir: _____

   _____

   _____

   _____

   _____

2. expresiones para pedir la opinión de los demás: _____

   _____

   _____

   _____

   _____

3. expresiones para expresar acuerdo y desacuerdo: _____

   _____

   _____

   _____

   _____

4. expresiones para expresar gusto: _____

   _____

   _____

   _____

   _____

5. expresiones para expresar disgusto: _____

   _____

   _____

   _____

   _____

PALABRAS A REPASAR

B. Asociaciones. Piensa en los temas dados, y apunta el primer sustantivo, el primer verbo, y el primer adjetivo que asocies con cada uno. Después, compara tus listas con las de otro(a) compañero(a).

	sustantivo	verbo	adjetivo
1. la amistad	amigos	hablar	buenos
2. la vida estudiantil			
3. las carreras			
4. conocer a los otros			
5. los viajes			
6. la familia			
7. los estudios			
8. las compras			
9. las reparaciones			
10. el noviazgo			
11. los gustos			
12. las opiniones			
13. las decisiones			
14. las descripciones			

C. Repaso de expresiones. Escribe tres frases, oraciones o preguntas diferentes en relación a cada uno de los siguientes puntos:

1. maneras de llamar la atención, incluyendo como interrumpir una conversación para confirmar o contradecir a alguien

   Perdóname, pero . . .

   _____

   _____

   _____

   _____

2. maneras de expresar el acuerdo o el desacuerdo

   De acuerdo. Eso es verdad.

   _____

   _____

   _____

   _____

3. maneras de hacer una pausa durante una conversación

   Pues, . . . ¿Sabes?

   _____

   _____

4. admitir, dar la razón, etc.

   Está bien. Estoy convencido(a).

   _____

   _____ _____

   _____

   _____

5. Indicar que comprendes

   Sí, sí. Comprendo.

   _____

   _____

   _____

   _____ _____

6. Expresar si algo es o no es lógico

   Debido a eso, (no) me parece (que) . . .

   _____

   _____ _____

   _____

   _____

7. Cambiar de tema

   ¿Ha pensado alguien en . . .?

   _____

   _____

   _____

   _____

8. Expresar interés o falta de interés

   Eso no me interesa mucho.

   _____

   _____

   _____

   _____

9. Expresar opiniones

   (No) Estoy convencido (a) de que . . .

   _____

   _____

   _____

   _____

10. Incluir a otros en la conversación

Cándido, ¿qué piensas tú de eso?

_____

_____

_____

_____

"¡Qué interesante!" "Sí, sí, y luego, ¿qué pasó?"

D. ¿Y ustedes?   Compara lo que tú has escrito con lo que han escrito otros(as) dos compañeros(as). Copia algunas de sus expresiones relacionadas con los temas.

1. llamar la atención: _____

_____

2. expresar acuerdo o desacuerdo: _____

_____

3. hacer una pausa: _____

_____

4. admitir: _____

_____

5. indicar que comprendes: _____

_____

6. expresar si algo es o no es lógico: _____

_____

7. cambiar de tema: _____

_____

8. expresar interés: _____

9. expresar opiniones: _____

_____

10. incluir a otros: _____

_____

ENTRE NOSOTROS

memomemomomer

EXPRESIONES QUE SE USAN PARA INICIAR O MANTENER UNA DISCUSION

¿Qué piensas de . . .?	What is your opinion of . . .?
¿(No) Crees que . . .?	Do (Don't) you believe that . . .?
¿Querías decir algo?	Did you want to say something?
¿No te parece un tema . . .?	Doesn't that seem like a . . . topic?
¿Cuál es tu reacción ante . . .?	What is your reaction to . . .?
¿Se podría decir que . . .?	Could one say that . . .?
¿Qué opinas ante una cosa así?	What do you think about a thing like that?
Es un tema de mucha contro-versia, pero . . .	It's a very controversal topic, but . . .
Mira, . . .	Look, . . .
Bueno, . . .	O. K., . . .
Y fíjate que . . .	And notice that . . .
Pues, . . .	Well, . . .
No sé.	I don't know.
Perdona, pero . . .	Pardon me, but . . .
Quisiera . . .	I would like . . .

E. Yo creo que . . .   Completa las siguientes oraciones con tus opiniones. Después, solicita la opinión de tu compañero(a) con la pregunta que sigue.

1. Yo creo que <u>María es la persona más inteligente que conozco.</u>
   ¿Qué crees tú?

2. A mí me interesa _____
   ¿Qué te interesa a tí?

3. Me parece que _____
   ¿Qué te parece?

4. Yo opino que _____
   ¿Qué opinas tú?

5. Estoy de acuerdo con que _____
   ¿Estás tú de acuerdo?

6. He oído que _____.
   ¿Qué has oído?

7. He pensado en _____.
   ¿En qué has pensado tú?

8. Pienso que _____.
   ¿Qué piensas tú?

F. Una variedad de respuestas. Con un(a) compañero(a) practiquen tratando de dar por lo menos tres respuestas apropiadas a las siguientes frases. Al oír las respuestas de tu compañero(a), debes contestar de una manera apropiada.

1. Tenemos un examen mañana. No puedo ir al cine esta noche.

   _____

   _____

   _____

2. Me interesa mucho viajar.

   _____

   _____

   _____

3. ¿Qué te parece la fiesta?

   _____

   _____

   _____

4. ¿Por qué no hablamos de otra cosa? Me aburren los deportes.

   _____

   _____

   _____

5. Pero, chico, eso es absurdo. ¿Crees tú que no valen nada los estudios universitarios?

   _____

   _____

   _____

6. Uno debe divertirse mucho en la universidad.

_____

_____

_____

7. Perdón, pero ¿qué dijiste?

_____

_____

_____

G. Descansemos. Tienes unos minutos para descansar y tomar algo antes de la próxima clase. Se acercan otros dos estudiantes y comienzan a hablar sobre algo como, por ejemplo, lo siguiente. Después, haz un resumen breve de tus ideas al resto de la clase. Temas posibles:

- ¿Qué se puede hacer cuando no hay nada que hacer?
- ¿Cómo se puede salir bien en una materia (asignatura) sin estudiar?
- ¿Qué incluirían ustedes en un contrato de matrimonio?
- ¿Cómo describirían ustedes la universidad ideal?
- ¿Qué puede hacer uno si se acerca el cumpleaños de su novio(a) y no tiene dinero?
- Otro tema que les interese.

H. A tí te toca. El objetivo de este ejercicio es dar a cada estudiante la oportunidad de desempeñar el papel de presentador(a) y moderador(a) en una conversación en la que intervenga toda la clase.

1. Cada miembro de la clase llevará preparada de antemano una presentación corta, de entre uno y dos minutos de duración, sobre algo que le interese a él (ella) y al mismo tiempo a sus compañeros. (Antes de hacer la presentación debe explicar el significado de cualquier palabra desconocida.)
2. Mientras habla, los demás deben escribir las ideas que se les ocurran para después hacer preguntas o comentar sobre el tema.
3. El (La) estudiante, al terminar de hacer la presentación, estará a cargo de dirigir la conversación para que todos participen. Todos deben estar preparados para hacer preguntas o comentarios sobre el tema presentado.
4. El (La) que haga la presentación debe también tener preparadas algunas preguntas sobre su presentación.

SITUACIONES

I. ¿Quieres salir esta noche? Formen grupos de cuatro estudiantes. Es un sábado por la tarde. Estás en tu cuarto con tres amigos que quieren salir juntos esta noche y están haciendo planes.

El (La) profesor(a) le dará a cada estudiante una tarjeta con la descripción de una persona. Imagínate que eres esa persona durante la conversación. Di lo que quieres hacer esta noche.

J. La sátira. El objetivo de este ejercicio es satirizar una conversación típica. Formen grupos con un máximo de cinco personas.

1. Decidan dónde se lleva a cabo la conversación.
2. Piensen en qué papeles desempeñarán los miembros del grupo.

"Y fíjate que ni me dio las gracias."

3. Escriban la sátira en que se burlan de las conversaciones comunes.
4. Represéntenla en clase.

La mejor será la que logre que el público se ría más.

K. Analizando un tema.   Formen grupos de cuatro para discutir algunos de los siguientes temas, u otro si les interesa otra cosa. Escojan ustedes a un(a) estudiante del grupo como moderador(a) y a otro(a) para escribir lo que opinan ustedes. Después él (ella) presentará un breve resumen a la clase enfocando los puntos en que ustedes están de acuerdo y los en que no están de acuerdo.

- el valor de los estudios universitarios
- las mejores profesiones
- los papeles de los sexos
- la religión y las escuelas
- el estudio de idiomas
- el matrimonio ideal
- la tecnología
- las armas nucleares

L. En busca de soluciones.   Formen grupos de cinco personas. Escojan uno de los temas que se encuentran a continuación o escojan otro que les interese más. Anoten todas las soluciones al problema que se les ocurran. Hay dos objetivos: que hablen todos y que piensen en muchas soluciones. Cuando todos hayan terminado, discutan sus ideas con el resto de la clase.

1. cómo ayudar mejor a los pobres (a los adolescentes que piensan en suicidarse, a los jóvenes que no pueden obtener empleo)
2. cómo pagar los costos de asistir a la universidad
3. cómo aumentar el número de buenos profesores en las escuelas secundarias

M. Jugar al periodismo. Haz el papel de un(a) reportero(a) de televisión. Debes entrevistar a todos los estudiantes que puedas sin repetir la misma pregunta y sin recibir dos veces la misma respuesta.

Las preguntas deben ser rápidas y variadas para que no se aburra el público. A ver cuántas preguntas distintas puedes hacer y cuántas respuestas pueden dar tus compañeros. Puedes usar preguntas como "¿Qué piensas de . . .?", "¿Crees que . . .?", etc.

PREGUNTAS QUE PIENSAS HACER

1. _____
2. _____
3. _____
4. _____
5. _____
6. _____
7. _____
8. _____
9. _____
10. _____

Puedes usar respuestas como "Yo opino (que) . . .", "Desde mi punto de vista . . .", "A mi parecer . . .", "Me parece . . .", (No) Creo que . . .", "Según he oído . . ."

FUERA DE CLASE

N. Escojan un tema que les interese a los estudiantes e inviten a dos o tres personas de habla española (de la universidad o de la comunidad) a pasar una hora con ustedes en clase. Díganles que no tienen que dar una charla, tan sólo participar en una conversación en español sobre el tema escogido. Para ello tendrán en cuenta las preguntas que ustedes les den y cualquier otra cosa que les parezca interesante o importante.

sus preguntas

1. _____
2. _____
3. _____
4. _____
5. _____
6. _____
7. _____
8. _____

Mientras hablan los invitados, ustedes deben: anotar algunas preguntas para hacerles después; anotar las expresiones que utilicen para mantener la conversación; y hacer algunas preguntas sobre lo que dicen.

O. Organicen ustedes una tertulia (o una serie de tertulias) en un restaurante cercano sobre uno de los siguientes temas.

1. el cine
2. la literatura
3. los deportes
4. la televisión
5. la música
6. los viajes
7. los estudios universitarios
8. el gobierno
9. otro tema que les interese

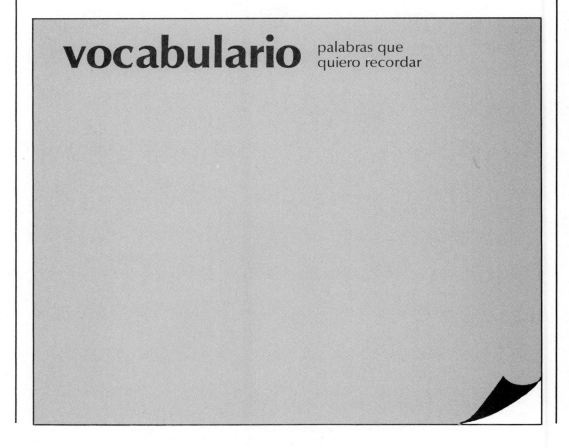

vocabulario palabras que quiero recordar

APENDICE

Introducción

Conversación 1: Una joven cuenta a su amigo lo que le ocurrió cuando salió a cenar con otra amiga.

Palabras útiles

restorán	restaurant
pegó un grito	let loose a scream
ojalá	I hope

Conversación 2: El profesor hace una explicación a una joven pero ella no le entiende.

Palabras útiles

asunto	thing, event
vacuna	vaccine
a expensas de	as a result of
química	chemical
por fuera de	outside of
concebir	to conceive, think of

Conversación 3: Tres amigos conversan sobre una película que vieron recientemente.

Palabras útiles

factible	feasible
realmente	actually
actuación	acting
mensaje	message
amena	pleasant
y ya (y ya está)	and that's that
palomitas	popcorn
por supuesto	of course

Capítulo 1

Conversación 1: El primer día de clase, después de las vacaciones, dos amigos descubren que van a estar en la misma clase de historia.

Palabras útiles

de maravilla	marvelously
oye	hey, listen

Conversación 2: Dos jóvenes conversan y un tercero se acerca, se hacen las presentaciones y terminan dándose cuenta de que se conocían.

Palabras útiles

como te venía contando	as I was telling you
¡caigo!	I get it! (literally, I fall)

Conversación 3: Una joven presenta a dos amigos.

Conversación 4: Un joven presenta a dos amigos.

Palabras útiles

conócete	meet (literally, get to know)
aseguradora	insurance company
seguro	insurance policy

encantada   enchanted (in an introduction)

Capítulo 2   Conversación 1:   Dos jóvenes conversan sobre la materia más difícil que están cursando.

Palabras útiles

materia   course
cursando   taking in a class
costuritas   filler course (literally, sewn item)
subir la nota   raise the grade
a cada rato   constantly
me toca leer   I have to read
me partí   I failed
parciales   unit exams
recuperar   make up
a toda hora   constantly, all the time
párrafo   paragraph

Conversación 2:   Un grupo de estudiantes latinoamericanos comparan la vida universitaria en los Estados Unidos con la de Latinoamérica.

Palabras útiles

pasar la lista   take attendance
se cuelga   fails (literally, hangs up)
pejiguera   a bother
dictan   dictate
caramba   darn
cervezas   beers
parrandas/parrandear   parties, to party

Conversación 3:   Tres amigos comentan los sucesos recientes en la universidad. Uno de ellos no quiere opinar.

Palabras útiles

comentan   discuss
manifestaciones   political demonstrations
desastre   disaster
de golpe   suddenly
de brazos cruzados   doing nothing (literally, with our arms crossed)
tuvo mucho que ver   had a lot to do with it
contundente   convincing

Capítulo 3   Conversación 1:   Una joven explica a su amigo como llegar a la casa de quien celebra una fiesta.

Palabras útiles

cúpula   dome
cuadras   blocks
pare   stop sign
escándalo   party noise
chao   so long

Conversación 2:   Una joven cuenta a su amiga lo mucho que le ha gustado el muchacho que conoció recientemente.

Palabras útiles

querido	darling
me tiene tumbada	I'm swept off my feet
me muero	I'm dying
musculoso	muscular
cheverísimo/chévere	awesome
baila más rico	dances very well

Conversación 3:   A un joven se le cae el anillo mientras está lavando los platos y le pide al plomero que lo saque de la tubería.

Palabras útiles

anillo	ring
plomero	plumber
tubería	pipe
maestro	buddy
argolla	ring
recipiente	receptacle
hueco	hole
codo	bend in a pipe, elbow

Capítulo 4

Conversación 1:   Un joven solicita un puesto en una empresa.

Palabras útiles

empresa	company
a sus órdenes	at your service
casado	married

Conversación 2:   La jefa de personal continúa entrevistando al joven interesado en el puesto de vendedor.

Palabras útiles

personal	personnel
entrevistando	interviewing
vendedor	salesman
vendedor sencillo	entry-level salesman
gerente de ventas	sales manager
lapso de tiempo	period of time
colegio	high school
o sea de que	what you mean is
en realidad	really
prestancia	prestige
nivel	level
proporcionan	provide

Capítulo 5

Conversación 1:   Tres amigos se enteran de que las vacaciones de los tres son los mismos días. Quieren hacer un viaje juntos pero no se ponen de acuerdo.

Palabras útiles

no se ponen de acuerdo	they don't reach an agreement
quince días	two weeks, (literally, 15 days)
año que entra	this coming year
genial	pleasant
abajo	far down

costosos	expensive
que yo sepa	as far as I know

Conversación 2: Los tres amigos se reúnen de nuevo y planifican el viaje que harán juntos.

Palabras útiles

arman un buen viaje	prepare a good trip
reservaciones	reservations
equipo de campamento	camping gear
carpa	tent
lo tengo presente	I have it in mind
cámara de retratar	photographic camera
diapositivas	slides
nos pueden dar unas vueltecitas	they can show us around
pasarla muy bien	have a good time

Capítulo 6

Conversación 1: Una joven cuenta una anécdota a su amiga sobre ella y su hermano cuando eran niños.

Palabras útiles

disfraces	costumes
tejado	roof
brincamos	jump
en esas	and then
espinas	thorns

Conversación 2: Una joven cuenta una anécdota a su amiga sobre su hermano cuando era pequeño.

Palabras útiles

grandecitos	old enough
mejores galas	best clothes
y que si	and then
tortuga	turtle
meseros	waiters
lo apuñaló	stabbed him
un grito que quedó en el cielo	a very loud scream
me puedo	I could
chistoso	funny
por Dios	For heaven's sake

Capítulo 7

Conversación 1: Una señora regatea el precio de las frutas en el mercado.

Palabras útiles

regatea	bargain
jugo	juice
temporada	season
y nos transamos ya	and we'll settle at that
lechugas	lettuce
a cómo está	how much
guayabas	guavas
empaquetar	pack
para que se lo lleve	so you can take it with you

Conversación 2: Un joven desea devolver los zapatos que compró pero el dependiente no quiere aceptarlos.

Palabras útiles

me quedan muy apretados	they fit me too tightly
iban a ceder	going to give, loosen
medias	stockings
cambió de gusto	changed your taste

Conversación 3:   Un joven entra a una tienda en busca de un vestido para su novia.

Palabras útiles

talla	size
apagado	faded
descotado	low cut

Capítulo 8

Conversación 1:   El paciente, después de oír el diagnóstico del médico, no quiere seguir sus recomendaciones.

Palabras útiles

diagnóstico	diagnosis
análisis	analysis
¿Cómo me le va?	How's it going?
he practicado	I have carried out
defina	defines
infarto de corazón	heart attack
ya me puso esto nervioso	this is already making me nervous
sugiere	suggest
dieta	diet
dejar la grasa	avoid greasy food
tenga conciencia	be aware
sedentaria	sedentary
deportista	sportsman
trotar	to jog
practicar	to practice, to play
qué barbaridad	what nonsense
natación	swimming
de joven	as a youth
cloro	chlorine
albercas	pools

Conversación 2:   Un joven necesita completar sus cursos y le pide consejo a su amiga sobre qué curso tomar.

Palabras útiles

actúa	act
claro está	it's clear
mientras más	the more
pues más	then more
rareces	peculiarities

Conversación 3:   Un joven desea comenzar a trotar y le pide consejos a su amigo.

Palabras útiles

llevo cinco años trotando	I have been jogging for 5 years
sudadera	sweatsuit
camisetas	undershirts
tobillos	ankles

vestuario	wardrobe
millas	miles
no comienzas lo que te dé el cuerpo	don't go all out
molido	worn out, sore

Capítulo 9

Conversación 1:   Tres amigos conversan alegremente sobre el fin del curso y dos de ellos tienen una noticia sobre sus planes futuros.

Palabras útiles

macro	macroeconomics
¡Qué rico!	That's great!
¡Qué machera!	Fantastic! Cool!
como que	like
se portaron	behaved themselves
juiciosa	wise
noviazgo	engagement, courtship

Conversación 2:   Dos amigos esperan impacientes a un amigo para entrar al cine. El amigo, como siempre, llega tarde.

Palabras útiles

vamos a perder la película	we're going to miss the movie
buenas, buenas	O.K., O.K.
tiquetes	tickets
trancón	traffic jam
disculpas	excuses
vaya	all right
No es para tanto	It isn't all that bad
cortos	previews
incumplido	untrustworthy
qué tal	how about
listo	ready

Conversación 3:   Un joven cuenta las últimas noticias a su amigo sobre personas que ambos conocen.

Palabras útiles

¿Ese suertudo?	That lucky guy?
¡Qué bárbaro!	What luck! Unbelievable!
bobito	foolish
ese tipo	that guy
una chusquita ella	she's a cutie
él está yendo bien	he's doing well
ajuició	came to his senses
vicio	bad habit
vesícula	gall bladder
cirugía	surgery

Capítulo 10

Conversación 1:   Tres amigos discuten sobre las ventajas de las computadoras.

Palabras útiles

desempaqué	unpacked
pues	then, (you know)
fiebre	fever
manejar	to handle

paquetes	packages
cuentas	bills
computizarse	computerize oneself
cuadrar la chequera	balance the checkbook
girar un cheque	to draw a check
jueguitos	little games (computer games)
disparar	shoot
ir a perder	go on and lose
te vas a poner gordo	you will become fat

Conversación 2: Dos amigos discuten sobre música. Uno prefiere la música clásica, el otro la popular.

Palabras útiles

¡Qué va!	What nonsense!
le hierve la sangre a uno	it heats a person's blood
la salsa/ merecumbé/ cumbia	different types of Latin American music
no es del todo cierto	that's not completely true
conjuntos	groups
estadios	stadiums
desconocer	disregard
suceso	outcome

Conversación 3: Dos jóvenes expresan opiniones diferentes sobre la televisión.

Palabras útiles

carcajada	loud laughter
risibles	laughable
que si esto, que si lo otro	this and that
yo prendo	I turn on
emboba	fascinates, hypnotizes
cuadrito	little picture
demás	too much
embobecerme	hypnotize myself
embrutece	dulls the mind
tonterías	foolishness
canales	channels

Capítulo 11

Conversación 1: Un joven desea descansar oyendo música y su compañero quiere estudiar en silencio.

Palabras útiles

como por	for about
músicas	songs
sumamente	extremely
pocas	a few
relajarme	relax
me examino	I take an exam

Conversación 2: Una jovencita trata de convencer al padre de que la deje salir a bailar a una discoteca.

Palabras útiles

zanahorio	party pooper
catano	old fashioned

Conversación 3:   Una señora desea comprar el horno de microonda rebajado que aparece en el periódico y la dependienta le dice que ya no hay.

Palabras útiles

horno de microonda	microwave oven
rebajado	reduced, on sale
¿Cómo que no quedan?	What do you mean none are left?
realización	sale
he manejado	I have driven
se está pasando	you're going too far
mentirosa	liar
estafar	cheat
educación	courtesy (literally, education)

Capítulo 12

Conversación 1:   Un grupo de estudiantes latinoamericanos en los Estados Unidos conversan sobre lo que les gusta o disgusta del país y sus costumbres.

Palabras útiles

extrañan	miss
añoro	I miss
chico	man
no duré	I didn't last
una fiesta que de fiesta	a party, which as a party
jugando tiro al dardo	playing darts
borrachos	drunk
quinceañeros	girls celebrating their 15th birthday, similar to 16 in U.S.A.
no se experimenta	one doesn't experience
hacer cola	to stand in line
casi que en	in almost
nada más que	only
cajero	cashier, teller
frustrante	frustrating
descuentos	discounts
perros calientes	hot dogs
sirvienta	servant
marcar	dial
aspirar	aspire
corrientes	common, usual
perjuicios	prejudices
él que lo estén en la olla . . .	the grass is always greener . . . (proverb)
nostalgia	nostalgia
no se llevan los unos con los otros	they don't get along with each other
enriquece	enrich
noticioso	full of news
orientados	oriented
por fuera	on the outside

CREDITS AND PERMISSIONS

Photographs

David Bedford 86 (right), 91; Stuart Cohen 1, 23, 131 (top left), 157; Paul Conklin/ Monkmeyer Press Photo Service 41; DeSazo, Rapho/BD Picture Service 151; Robert Frerck/Odyssey Productions 13, 81, 111, 139, 167; Beryl Goldberg 5 (bottom right), 27; Katherine A. Lambert/BD Picture Service 5 (bottom left); Peter Menzel 5 (top right), 53, 67, 95, 131 (bottom left, top right), 136, 163; Rafael Millán 5 (middle), 171; familia Novo de la Torre 86 (left), 87, 88, 93; Stephen J. Potter/ Stock Boston 5 (top left); Hugh Rogers/Monkmeyer Press Photo Service 38, 96, 127, 148; David S. Strickler/Monkmeyer Press Photo Service 131

Permissions

P. 56: Cartoon reprinted from *El Diario* (Guadalajara), May 20, 1982 issue.

P. 58: Illustrations reprinted from *Mundoloco*, No. 39, with permission from publisher.

P. 76: Travel information from "Hacia la cima del Aconcagua", *Pasaporte 2000*, *Revista Internacional de Viajes*, February issue, 1982.

P. 77: Travel information reprinted from "Guaymas, tan cerca y tan diferente", *Pasaporte 2000*, *Revista Internacional de Viajes*, February issue, 1982.

P. 103: Cartoon by Quino reprinted from *A mí no me grite*, 1983 edition, with permission from Quipos. © Quino.

P. 113: Peanuts cartoon reprinted from *Hoy es tu día, Carlitos* by Charles Schultz, © 1982.

P. 115: Reprinted with permission from *Diaro Sur*, July 7, 1986 issue.

P. 122: Cartoon reprinted with permission from *ABC*, July 24, 1986 issue.

P. 135: Illustration reprinted from "Condorito" M. R., issue No. 187, with permission from Ediciones Colombianas, S.A.

P. 141: Excerpt from article reprinted with permission from *El País*, August 10, 1986 issue.

P. 154: Illustrations reproduced from *¡Nunca me quisiste!* (1985) and *Lengua de Víbora* (1983), published by El Libro Semanal.

P. 159: Cartoon by Quino reprinted from *A mí no me grite*, 1983 edition, with permission from Quipos. © Quino.